U0871298

爱和自由教育文丛

教育的觉醒

王瑞君　著

中国妇女出版社

图书在版编目（CIP）数据

教育的觉醒 / 王瑞君著. -- 北京 ：中国妇女出版社，2022.1(2023.4重印)
(爱和自由教育文丛)
ISBN 978-7-5127-2004-6

Ⅰ.①教… Ⅱ.①王… Ⅲ.①儿童教育－家庭教育 Ⅳ.①G782

中国版本图书馆CIP数据核字（2021）第114508号

教育的觉醒

作　　者：王瑞君　著
责任编辑：王　琳
封面设计：季晨设计工作室
责任印制：王卫东
出版发行：中国妇女出版社
地　　址：北京市东城区史家胡同甲24号　　邮政编码：100010
电　　话：（010）65133160（发行部）　　65133161（邮购）
网　　址：www.womenbooks.cn
法律顾问：北京市道可特律师事务所
经　　销：各地新华书店
印　　刷：北京通州皇家印刷厂
开　　本：165×235　1/16
印　　张：15
字　　数：200千字
版　　次：2022年1月第1版
印　　次：2023年4月第3次
书　　号：ISBN 978-7-5127-2004-6
定　　价：59.80元

推荐序

开满鲜花的绿色藤蔓

孙瑞雪

2019年夏天，我和王瑞君老师同行，去欧洲考察。我们一起登上一座教堂的钟楼，被钟楼中间一间房的四个拐角吸引了。四个拐角处各有一幅极现代的抽象画。在教堂这样的地方，用黑色油漆喷出的四幅非常抽象的现代派的街头画，即便是在钟楼上，依旧令人感到很突兀、不合时宜，甚至想到可能是某个坏小子的恶作剧。

我坐在椅子上，盯着那些画看了许久，它们超出了我大脑理解的范畴，所以不知其所以然。突然，王老师说："我来。"

她走到一个墙角下，站定，然后循着画上的线条，做了一个全身都舒展并且非常夸张的动作，然后定格在了那里。再走向下一个墙角，照例如此。我惊呆了，那幅画跟随着她的动作，从墙面浮了出来，犹如暖阳般涌出，扑面而至。那些看起来黑乎乎、有些阴森的画，原来是这般生动和温暖。

我似乎一下就抓住了每幅画的含义——绘画者，在这个并不明亮的小空间里，表达出了自己豁然的光亮、无限的伸展、理性的自由和欢笑。它们，出现在那些拐角处，是恰当的。

王老师在每幅画前的动作都很夸张，却把思维所不及的画面意境透过肢体彰显出来。她说："这就是教育戏剧！"

我理解，身体语言，可以解释抽象和深层次的意识。换句话说，我们尚未知晓的潜意识，可以借助身体，直接地表达出来。

事后，我惊叹两部分：一部分是王老师的理解能力，另一部分是她的表达能力。她用"教育戏剧"来解释这两个部分。当我看完她写的书，一下就回想起这件往事，因为这本书的内容，恰恰呈现了她精准的理解能力和充满爱的、温婉的表达能力。

这本书在理论结构上阐述了儿童内在生命发展的各个部分：情绪的理解与表达，心理发展和认知的发展，审美能力的发展，儿童成长的条件，爱对孩子的意义，规则和界限。同时，本书也阐述了这些发展缺失之后，她是如何和孩子一起，重拾成长。

因为王老师那份深入内在的理解力和对孩子的温情的表达，我们会在书中记录的真实案例中看到，儿童的情绪转化为感觉、感觉转化为心理、心理转化为认知的全过程。那种理解力和爱的表达仿佛遒劲的藤蔓，伸展在每一个记录的事件中，而孩子的生命力就是那藤蔓上开出的鲜花。理论是灰色的，在这本书中，灰色的理论框架镶嵌在了开满鲜花的绿色藤蔓上。

这本书还记录了许多发展尚未充足的孩子，开篇就是这样的故事。这些故事白描般绘出了孩子的状态，并解释了这种状态的意识和潜在意识。这种白描式的写作方式，会把我们拉入一个客观的、科学家的观察角度，让我们学会观察儿童，就像天文学家观察一颗星星一样。这样的观察有助于我们更清晰、更中正地了解一个独立的生命，了解这个生命里面发生的故事。我们开始这样去了解，就会像王老师一样，去同理孩子、去爱他们，而不是教育他们。

这本书还有一个有趣而吸引人的地方，她不仅生动记录了孩子们斑斓的故事，而且这些故事又往往有出人意料的走向——她回应孩子的方式总是另辟蹊径，不禁让人感到新奇，却满溢着温暖和关切。她小心翼翼地让孩子释放、放松，感到安全，经历了这一历程的孩子却总能自己觉察和发生着峰回路转、柳暗花明的一个又一个成长转机。

真实的、充满生机的生命力岂能是我们这些成人轻易预料得到的呢？

自　序

爱你的孩子，让他成为他自己

这本书里的故事都是我这26年来教学经验的分享。每一个孩子、每一个场景都像是刻在我的脑海里，我写下它们时，就像复述一部电影一样，唯一的区别是它们没有被做过任何加工，因为一次次真实的发生本身就足够美，也足够教育我了。

是的，和孩子们在一起时，时常不是我教育他们，而是他们一次次地教育了我。假如你能够真正平等地和孩子们在一起，他们生命中本然的真善美就会唤醒你，这本书里就有很多这样的例子。这些年来，我逐渐明白了一个道理，在孩子的成长中，我充其量是一个陪伴者，有时候我甚至都觉得自己不是一个好的陪伴者，尤其是面对我的儿子时。

教育是一个相互促进的过程。如果成年人把自己定位在一个输出者的位置上，那么这种教育关系很快就会走向权威，成人可能怎么都观察不到孩子成长中那些珍贵的过程。我时常提醒自己做一个观察者，把建构生命的机会和权利全部交给儿童，我能够做的就是小心翼翼地保护着他们成长的环境。唯有这样，他们才可能成为他们自己、成为完整的人。一个人成为自己、做自己的主人，才是生命本身的价值和意义所在。无论是老师还是父母，看到生命的本质并悉心地呵护，是我们的使命，也是我们送给孩子最好的礼物。

多年在爱和自由教育体系中工作的经历以及作为一个一线的教育实践者，我知道必须放下自己的所有经验。当我以观察者的身份和孩子相处时，我发现理解孩子、帮助孩子不是我事先想好要怎么和孩子交流，而是一种自然的人与人之间的情感流淌。我知道孩子在想什么，孩子也明白我的意思，更多的时候，我们会形成一个特别默契的场域，一个眼神、一个动作都是我们之间特有的。也正因为如此，不论我们当妈妈还是做老师，都不能是个方法论者，我们必须和孩子产生真正的联结，这个联结就是爱。

如果没有了爱，所有的教育方法都是机械的、冰冷的，只会让孩子复制我们的成长脚本、复制我们的生命，这是生命最大的悲哀——活着就已经死去了。因此，爱生命吧！爱你的孩子、你的学生吧！唯有爱可以让孩子有创造自己生命的机会，唯有爱可以让你和孩子一起享受创造的快乐。

谨以此书献给我生命中遇见过的所有孩子，当然也包括我的儿子，他是唤醒我生命之爱的那个天使。

目 录 | CONTENTS

4

第四章
界限、纪律和规则

5

第五章 父母的成长

1

第 一 章

情绪的理解与表达

孩子，你能勇敢地表达自己真实的情绪吗？

教育戏剧课的绘本班招的孩子年龄都在6岁左右，他们对课堂充满了好奇和新鲜感，所以在刚开始的几节课上都异常兴奋。很显然，他们没有管理自己情绪的能力。

尽管每一堂课上的内容都能够完成，但孩子们总是处在一种莫名的兴奋中。因为这种兴奋的情绪，他们经常没有办法控制自己的行为，所以就会出现不能遵守课堂规则的情况。

也因为这种兴奋，他们在肢体上很容易起冲突，经常几个孩子抱成一团，压着对方的身体，或者相互打闹。

在一次课程中，轩轩很激动地躺在地板上，多多见状跑上去在轩轩的手上踩了一脚。多多这个动作明显是故意的，但是没有什么动机，似乎就是太激动了。

老师马上提醒了多多，同时查看了轩轩的手（为了不影响课程的进行，老师一般都会在课后解决孩子之间的问题）。

轩轩当时并没有什么反应，在地板上又躺了几分钟之后回到自己的座位上。直到课程到了最后的讨论环节，孩子们逐一发言，轩轩才突然跑到多多面前，用手上的纸制头饰向多多脸上打过去。

因为太突然，多多脸上的表情一下子僵住了，但是瞬间眼泪就充满了眼眶。

我立刻对轩轩说："不可以这样对待小朋友。"这时轩轩解释道："他刚才踩了我。"

我回过头去看多多，只见他眼圈发红，眼泪在眼眶里打着转，却强忍住伤心和眼泪，勉强地挤出一个尴尬的笑脸说："太爽了。"

我在多多旁边坐了下来，心里一下子就被多多故意隐藏起来的情绪感染了。我充满爱地对多多说："刚才让你很尴尬是吗？老师也看到了你的愤怒。"

多多忍下去的眼泪瞬间又涌满眼眶，但是他没有说话。

我又说："老师明白你的感受。你可以表达自己真实的感受，你有权利表达自己的感受，老师完全可以接纳，也愿意陪着你。"

我一边说，一边抚摸着他。他的嘴角开始抽动，情绪开始流露，但是仍然没有完全地流淌出来。

我在旁边一直陪伴着他，静静地和他一起感受着。那一瞬间我心底的爱化成了悲伤，有那么几秒钟，我们的情绪完全地共振了。我下意识地调整一下自己。慢慢地，多多的伤心开始一点点流淌出来，脸上挂着眼泪。

几分钟后，课程结束了。我把轩轩请过来一起解决问题。我说：

“你们两个人都来说说刚才发生的事情。”轩轩立刻说：“他先踩的我！”多多说：“我只弄了他一下，他打我好几下。”

我能感觉到这时的轩轩有了一丝歉意，而多多也感到自己不应该一开始去踩轩轩。

我说：“你们两个相互道歉，可以吗？”他们点头。多多先道歉，轩轩也说了对不起。我不确定他们两人是否还有情绪，就接着问：“你们都能原谅对方吗？”两个人很快说“可以”。两个孩子的调整速度都很快。

我对多多说：“刚才老师看到你不想表现自己真实的情绪，老师能感受到那种情绪。那种情绪让人很难受，你是可以表达的。”多多的眼泪又一次涌了出来，那份伤心又一次被触动了。

坐在旁边的轩轩一下子被多多的这种情绪感染，眼眶瞬间红了，他小声说：“如果表现出来会被别人笑话的。”我一下明白了孩子们的心思，他们对脆弱的情绪有了一个评价，给情绪贴上了“好”和“不好”的标签。

我又看了一眼多多，虽然他还在伤心，但是能感到他认同轩轩的说法。我说：“情绪没有应该或者不应该，当你有情绪的时候，你可以表现出来，没有人会对你说什么。老师不会说，这个环境也没有人会说什么，我们都是了解小朋友并且爱小朋友的老师，所以你们完全可以表达。”

这时我看到轩轩的眼眶又红了，我立刻说：“你有点伤心是吗？”他没有说话，也没有否认，只是很快就将情绪忽略了。

接下来的时间，我一直陪着多多，他不停地抽泣着，能感觉那种情绪从他小小的身躯里随着那抽泣慢慢地向外流淌。我什么也没有说，就是一直专注地看着他。

几分钟后，多多的抽泣声越来越小，同时还时不时看一眼教室里的其他人。我感觉他的自我调整差不多要结束了，就告诉他：“如果你觉得调整好了，就告诉老师。”但是他并没有马上回应我。又过了几分钟，他说：“好了！”之后就立刻投入到和小朋友们一起玩的游戏中了。

必须承认，我和多多同时经历了一个情绪心理的发展过程。对于6岁的孩子来讲，他对情绪发展的过程还不能上升到情绪认知上来，只有通过感受才能逐步发展自己的情绪能力。作为一个陪伴者的角色，我发现了孩子情绪发展的过程，这对我而言也是一个情绪认知的过程。发展情绪对于儿童是非常重要的事情，对成人也同样重要。只是儿童和成人的情绪发展程度不同，儿童一开始的时候只是通过感觉感受到了这种心理状态，但是并不真的认知这种心理状态，也就是说，儿童对自己的情绪是不认知的。

儿童情绪的发展，是从感受开始，接着到认知自己的情绪，最后会有意识地调整自己的情绪，这是一个完整的情绪发展过程。心理学家将这个发展过程称为“情绪能力”。成人必须给孩子足够的空间去发展它，因为发展情绪本身意味着去体验各种各样的情绪，这些情绪没有好坏之分，没有“应该”还是“不应该”，它只是一个人生命中的一部分而已。

经常有父母说：“你不要哭，你说就行了，哭什么？你就知道哭！”这时，成人给“哭”这个表现一个否定的回应，让孩子对这种情绪有一种“不应该”的认识。就像上面那个例子中的多多和轩轩，他们认为不应该表现出自己脆弱的情绪，脆弱这种情绪显然是被成人贴上了一个“不应该”的标签。

孩子必须在童年经历情绪发展过程，成年后才能发展出情绪认知，也就是人们所说的情商。因此，如果不让孩子经历这个情绪发展的过程，而是让孩子在对情绪的评判中长大，那么他学会的是掩饰自己的情绪、压抑自己的情绪，而不是让情绪自然地流淌。因而他们的情绪无法走向成熟，他们也无法做自己情绪的主人，最终被情绪牢牢地困住。

儿童是自己情绪的主人

孙瑞雪老师在《完整的成长》第三章的第六节和第七节，讲述了儿童如何通过情绪上升到精神的过程。有些人认为，情绪就是心理表现，无论看到什么、听到什么、遇到什么，都会引起情绪反应，具体来说就是愉快、沮丧、悲伤、愤怒等。但实际上，随着情绪的深入发展——儿童的情绪不会停留在一个水平面上，心理的部分就会被超越，生命深处的部分——精神就会显现出来。

这就好像《完整的成长》中第六节的例子，孩子感觉到了孤独的情绪。一个五六岁的孩子感受到孤独的情绪会有什么表现呢？他会因为别的孩子不和自己玩而感到有点孤单。他如果从孤单继续再深入，就会发展成孤独，此时的情绪就更为深刻。对身体、对生命，这种情绪带来的意义感，都会和孤单不一样。所以，随着年龄的增长，儿童对情绪的认识会越来越深入、越来越复杂、越来越走向生命的深处。而这个生命的深处会体现在什么方面呢？它会在精神方面体现出来。

很多成人都会想：“我如何给儿童提供精神生活呢？”其实，儿童的精神生活是自然而然地展开的，不需要一种特定的模式或手段去进行。因为人对精神活动的需求是与生俱来的，不会在遇到问题的时候就失去，也不会因为生活环境的不同，如家境富裕或贫困，而受限制。对精神生活的需求是生命本身的一种需求。

随着成长，人的精神生命会发生变化。例如，有些人的精神生命很丰富，而有些人则非常贫瘠。这样的差异是由于某些人精神生命没有得到发展造成的。生命本身是平等的，每一个孩子都具备发展精神生活的内在条件，他们也应该具有发展精神生活的外部环境。就像书中的例子，妈妈恰到好处地陪伴了孩子，给了孩子认识情绪的机会。

那么，孩子认识情绪的过程需要多久呢？我想每个孩子都是不同的。案例中的孩子花了10年的时间才认识到，孤独是自己生命中的一部分。我现在已经过了知天命的年纪，当我再谈孤独的时候，我与自己儿时对孤独的感受和认识已经完全不同了。我现在已经明白，孤独是人需要的一种状态。李银河曾在一篇文章中写道，人终究是孤独的，人应该要孤独。人不可能永远处于群体之中，人也总有和生命深处产生连接的时刻。当那个时刻来临时，人就会感觉到自己是孤独的。因此，孤独是一种状态，和孤单是不同的。

在情绪发展过程中，儿童从一种孤单的、需要人陪伴的状态，自然而然地会发展出对情绪的认识。这一过程对每一个孩子来说都是相同的。孩子就是这样，在认知尚未发展起来时，依靠一种奇特的能力，觉知着成人的内心世界，带着成人走向情绪的更新境界。这个刚从生命中走出来的生命，拥有着成人已经难以完全明白的心理智慧。这样的儿童的智慧，却未被我们真正认识过，未被我们普遍发展起来，并一直被成人忽略着、禁锢着。因此，我们很难拥有一个看见完整的人的体验，对完整的人也没有认知和判断。

正因为我们可能不会给孩子一个空间和契机，去自由地感受和体验，他才没有办法对精神生活产生更深的认识。但生命的本质是一样的，孩子需要的只是一个精神成长的环境。精神情绪是在意境生命中的能量涌动，是一种对美好和崇高的情景的高潮体验。

我在班上给孩子读《快乐王子》的故事。这次经历给我带来了全新的体验，并且让我更加相信，爱和自由的教育是对生命本身的认识和看见。那时我刚刚进入幼儿园工作，中午的时候代替老师给孩子读书。我一遍遍读着这个简单又熟悉的故事，孩子们已经可以熟练地背出这个故事，但他们依旧会流着泪听完，也很向往快乐王子这个角色。我第一次感觉到，我们并不需要刻意的道德情操教育。孩子生命中非常奇妙的部分，先天对美、对高尚的东西，会有一种独特的吸收能力和体验能力。《快乐王子》这样一个简单的故事，通过十几天的反复阅读体验，孩子们经由着对故事情节的理解，对故事情节发展的变化和波动，逐渐地走向了生命的本质。因此，孙瑞雪老师说，精神情绪是意境生命中的能量涌动。当人遇到一件事情时，相应的情绪反应会出现。但精神情绪不同，它是与生俱来的生命觉察力，生命之初就与孩子在一起，而我们成人只是给了他们一个发展精神情绪的空间。

因此，在我从事爱和自由教育的这些年来，无论遇到什么困难，我都会一次次地被孩子生命本质的呈现所打动，使我一次次回到生命本质中去思考自己的所作所为。我认为，生命本然的东西，不需要很多的方法来呈现，而只需要一个发展的空间。很多时候，成人在给孩子读完一本经典作品之后，彼此间会产生精神情绪的共鸣。这对亲子间的交流、感情的促进，对生命认知的碰撞，都会起到意想不到的作用。家长与孩子在一起享受亲子时光时，应该完全抛弃头脑中已存在的经验和知识，一起走向生命的核心，用真善美看待这个世界，从而使精神情绪升腾起来。

在一个综艺节目中，嘉宾在一起看日出。当太阳从海平面升起来的时候，在海边已经整整守候了一夜的嘉宾都非常激动。冬日的夜晚十分寒冷，他们忍受着寒风，在迎接到日出的那一瞬间，他们说："浩然之气！"很显然，这些嘉宾感受到了一种情绪。这种情绪使他们明白生命的珍贵，决心好好生活，以回馈大自然的馈赠。

这就是精神情绪的力量。它其实一直处在一个人的生命当中，在遇到一个合适的契机——海平面升起的太阳，会使人发出对生命的感慨，让人有所行动和改变。

人的成长的结果，终将趋于宁静和祥和。正如生命像一条流动的河流，宁静而鲜活地流淌着。

不要让孩子错过对精微情绪的认识和发展

我在小区散步，碰到一个3岁左右的小朋友，他的阿姨牵着狗走在前面，还一直不停地喊着孩子快点跟上。那只狗一直在叫，孩子踩着自己的滑板车，跟在后面大约10米的地方。我感到孩子有点害怕，但不是很害怕，于是走到孩子面前轻声地问："你有点害怕，是吗？"孩子看着我，眼底里有认同的感觉，同时他点了一下头。我看了看那只在10米外的狗，它还在"汪汪汪"地叫着，虽然没有什么恶意，但是比较焦躁。我想小男孩只是有点害怕，而不是很害怕，于是我就追问道："那是你家的狗狗吗？"他点了点头。我轻松地说了句："哦，你家的狗狗只是有点发脾气了！"孩子听完我的话，一下子就笑了。他听懂了我的解释，也感受到了我对他的安慰，于是踩着滑板车愉快地跟了上去。

恐惧的情绪在这个孩子的感受里不太强烈，但是有一些，所以我感觉到这只狗可能是孩子熟悉的。但是孩子不能明白狗的情绪，这一点让孩子产生了一些害怕，还没有到恐惧的程度，这份害怕里带有着不知所措和无法理解。孩子的情绪认知结构还不能将这种难以名状的感受纳入已知的情绪认知中，所以当我说："你有点害怕，是吗？"他立刻明白了"害怕"这个词代表的意思。同时，我说出"有点害怕"这四个字的时候，是带有我对这个词的感觉的，也就是说，我不只是孤零零地说出了一个概念，而是带着对这种情绪的感受说出来的，我的这种感受正好和孩子的情绪感受配对了，所以他明白了我的语言。这是一个非常精微的过程，同时也是一个微不足道的过程。正是这个过程的精微性，所以它对儿童发展情绪来讲是重要的；而这种微不足道，又使得成人经常会将这个过程忽略掉，于是儿童就一次次地错过了这种对精微情绪的认识和发展。

儿童的情绪发展，总是依靠成人对这种情绪的认知来得到发展。成人的情绪认知能力越强，儿童的情绪认知发展就越有机会。如果成人对情绪的感觉不清晰、不敏感、不精微，那么儿童对情绪的学习就失去了环境。

我曾经给一个2岁半的小朋友讲《小红帽》的故事，当我讲到大灰狼出现的时候，她有意识地向我这边靠了靠，我感受到她有点害怕，所以我就把那一段省略了。接着讲到大灰狼来到外婆家时，我刻意抬头和小女孩对视了一下，我轻松的表情显然让她比较安心。但我知道这个孩子是接受不了这个故事带来的情绪刺激的，所以我把故事改编了一下，没有讲大灰狼吃了外婆，而是讲它被猎人发现了，猎人把它抓走了（也不是打死了）。我一边讲这个“新”故事，一边观察孩子对这个故事的反应。这个孩子完全进入了故事所描述的情景中，情绪也跟着故事的情节起伏着，这使我特别庆幸自己对故事进行了改编。这个年龄段的孩子，还不能在这种对情绪的认知中将真实的情绪和虚拟的情绪分开。

孩子们是通过情景来学习情绪，但对情绪的起伏和波动、对情绪的强烈程度的接受程度是由成人来把握的。如果我们没有注意到这个内在发生的情绪波动，而是一味地将故事原原本本地讲给孩子听，那么孩子就会对故事里的角色产生恐惧。这种恐惧对2岁半的孩子而言还不能承受，因而无法去认知这种情绪。

孩子们在成长的过程中，对情绪的学习是一点一滴积累的。这种积累是由简单到复杂的，也是情绪认知结构建构的过程。情绪认知的结构建构得越精细、越复杂，儿童的情绪感受就会发展得越丰富。

情绪表达三部曲

如果让你细数做家长的辛苦，应该有相当大的概率会提到面对孩子的情绪不知如何下手。家长们常常禁不住被孩子的情绪卷进去，最后事情被扔到一边，情绪成了主导。有的家长说我就是控制不住自己的情绪，有的家长说真想打孩子一顿算了。家长为什么明知道这些办法都不可能真的解决问题，而只是将情绪推向极端化，但仍忍不住要做呢？因为家长的情绪没有得到发展，所以对自己的情绪不能清晰地认知和管理。

那么当孩子有情绪时，正确的处理方法到底是什么呢？

首先，容许孩子自主地表达情绪。对于3岁以下的孩子，先给孩子的情绪命名，让孩子认识并清晰自己的情绪，而不是对孩子的情绪叫停、说“不”。这部分是认识情绪的第一事件，也就是说，情绪这时以一种实物的形式出现，带给孩子最直接的感受，使他通过自己的感觉认识到了这种情绪。这一过程就好像我们日常的实物教学。给情绪命名的过程，是个感受和概念配对的过程。这个情绪的概念不是我们教给孩子的，而是他们自己经验到的。这种习得的过程才是真正的认知。

其次，帮助孩子把不愉快的情绪用正确的方法宣泄出来。在这个环节里，最需要注意的是不要让孩子的情绪伤害到自己或他人，否则孩子会有自责和内疚感。具体的方法是：孩子愤怒时，允许他哭一会儿，哭本身就是一种对情绪的疗愈和表达；让孩子用身体来表达，比如跺脚；还可以让他用语言来表达，将情绪说出来。在这个过程中，孩子的情绪得到了宣泄和释放。当孩子把不愉快的情绪释放之后，才可能在心理上有空间去接纳他不能理解的现实。比如，孩子想要一个玩具，可是商店关门了（也或许是家长不能满足孩子的需求）。家长要允许孩子大哭，因为他还不能理解为什么商店要关门。等孩子的情绪释放出来后，他就会在内心有个模糊的意识，认识到现实和自己的愿望之间是有差距的。随着孩子年龄的增长，这种认识越来越清晰，孩子会对自己的情绪做出适当的调整，以便去适应外在的事实。情绪发展是一个过程、一个让孩子逐渐接纳现实的缓冲带。这就好像成人一样，当你身边的亲人离开你时，你也无法接纳这样的现实。这个现实没有好坏，就是一个客观存在。这个时候，情绪让我们能够处在一种过渡状态中，直到你在理性上可以接纳。所以，情绪是个非常必要的媒介，我们只是需要认识它，而不是逃避或对抗。

最后，告诉孩子“你可以有情绪，有这样的情绪是正常的，妈妈（爸爸）理解你、尊重你并且会陪伴你”。这样一来，孩子就会明白产生情绪的过程是个正常的过程，同时也能够感受到来自父母的爱和安全感。在这个学习的过程中，成人对他的帮助是至关重要的，意味着情绪的学习是被容许的。这就好像鸡蛋的孵化是个内部动力，而外部的母鸡的体温为它们的孵化提供了必要的条件一样。

通过上面的三部曲，我们可以帮助孩子正常地发展情绪，但要说明白的是，所有的成人都不是预先被设置好的机器人，所以这个过程不可能进行得一丝不苟。每一个过程，成人都应该带着一种觉察和感受，而不是机械地完成一个个步骤。在和孩子的相处中，你会发现孩子比我们更加靠近真相、更加接近本质和直接，尤其是在情绪的表达上。所以，作为家长，我们在陪伴孩子长大的过程中，自己也获得了一次情绪成长的机会。

另外，随着年龄的增长，孩子的情绪认知能力也会一步步发展起来。家长会发现孩子很清晰自己的情绪，所以这时为孩子的情绪命名这个步骤就不再需要了。

有情绪就要表达出来

天天妈妈不在家，天天要和我生活一周。

刚开始的几天，天天还处在一种新鲜和好奇中，所以顾不上想妈妈。到了第四天的时候，他开始要求我给他妈妈打视频电话，我知道他开始想妈妈了。但这种情感还不是很明显，所以他要和妈妈视频通话大多是好奇心驱使，只是关注妈妈周围的环境，不断地要看周围都有什么。

到了第五天晚上，他想和妈妈说话的愿望显得格外强烈，说话时总是不断地问："妈妈，你什么时候回来？能不能快点回来？明天就回来好吗？"妈妈也只是不断地回答着他的问题。但是天天的需求似乎没有得到满足，就一遍一遍地问。我在天天的身边明显地感觉到了他思念妈妈的情绪，于是教给天天说："妈妈，我很想念你！"当我说出这句话时，天天对妈妈的想念甚至都从后背透露出来了。这时，视频电话那头的妈妈也感觉到了，但是天天停住什么都不说，天天妈妈便问："天天，你想妈妈了？"瞬间，我看到天天的后背紧绷了一下，快速把那种思念的感觉压了下去，像是怕被别人看穿似的将情绪隐藏起来。我赶紧教天天妈妈告诉孩子："天天，我想你了！"天天妈妈有点难为情地说了。这时天天几乎把头埋到床上，小声地说："妈妈，我想你了！"说话时，他既有愉快，又有不好意思。

就是这么一个简单的情感交流，在这对母子之间竟然这么陌生。这让我想起了一则公益广告，当孩子打电话告诉父母"我爱你"时，大多数父母的反应都是"你需要钱了""你怎么了"，等等。这些都是因为我们在成长中没有学习和感受到这部分的情感交流，于是当我们想要表达的时候，显得既陌生又尴尬。

情绪的发展，必须凭借着交流来逐渐走向成熟。当你的情绪能够从身体里面流淌出来的时候，语言的表达作用就开始发挥了。这种情感交流是人的本能，尤其是对孩子而言，你对他的情感必须表达出来，他才能够完全收到。无论是什么情感，他都是在不断地表达交流中学习的。儿童经验了各种情绪并将这些情绪实体化，这就是情绪的认知过程。情感表达的意义就在于将你的感受与人分享，在分享中人们会更加巩固那种情绪的感受。

这种情感的表达并不局限于所谓的正向情绪，即便是负向的情绪也应该表达出来，爱、喜欢、高兴、满足、悲伤、痛苦、恐惧、担心、愤怒等所有的情绪都是一样的，都需要表达出来。随着情绪认知的发展，人的情绪逐渐趋向成熟，人才会经常处在一种平静和喜悦中，所以意大利儿童教育家蒙特梭利说，一个正常化的儿童，情绪是平静的。

有些人之所以表现得不会大悲大喜，不是没有情绪，而是情绪发展成熟的表现。人出生后会有将近十年的时间来学习各种各样的情绪，而能够正确地表达出你的情绪，才是发展的表现。

然而生活和我们的文化，总是要求一个人在情绪上要内敛，而这种内敛实际上指的是人的情绪处在一种成熟的状态中。当一个人的情绪是成熟的，他就会驾驭和正确表达自己的情绪，否则他就会成为情绪的俘虏，被情绪完全掌控。

不要将自己的情绪转嫁给孩子

也许是职业敏感的原因，我总会在公共场合发现家长教训孩子的现象。在公共场合对孩子大发脾气的父母，在那一刻往往是失去理性和觉知的，整个人完全被自己的情绪笼罩着，情绪成为他们的主人，所以那一刻无论怎么叫停都停不下来。

当然，我也经常听到一些父母跟我说发脾气之后又觉得后悔，但是事情已经过去了，对孩子的伤害也已经形成。

一次，一个孩子画了一个蓝色的苹果，爷爷看到了说："哪有蓝色的苹果，红色的才是苹果！"孩子不愿意改，爷爷的情绪就开始急躁。在爷爷的世界里，这个蓝色的苹果是不能被接纳的，所以他必须让孩子改过来。可是在孩子的世界里，他就是想用蓝色来表达，里面的原因我们不得而知。爷爷的情绪开始升级，越是想让孩子改，孩子越是不能明白，一场情绪的战争就这样不可避免地开始了。

那么，我们为什么不能接受孩子不按照我们的意愿做事情呢？原因就是，我们的内在有一个固定的认识世界的模式，我们对世界的看法和认识都是经由这个模式来完成，一旦跳出这个模式范围，成人就难以再接受和理解。于是，抵触的情绪就上来了。

在这种情绪中，孩子可能会妥协，而这种妥协的结果就是让儿童失去了用自己的身心去认识和发现世界的机会。

还有一次，我看到一个孩子在路边跑，一辆车突然出现，孩子浑然不知，但是妈妈看到了并且吓坏了。于是妈妈冲到孩子面前，非常生气地说："你怎么回事，让你不要乱跑的，被撞到了怎么办！"然后她越说越气，瞬间被自己的情绪淹没，完全失去理性。而孩子就那样不知所措地、恐惧地看着自己的妈妈。

这个对孩子发脾气的妈妈显然是被自己的恐惧牵制住了，当她看到孩子有危险的那一刻，恐惧的情绪控制了她。在这种恐惧中，她的情绪反应是愤怒，行为是指责。而对孩子来讲，面对妈妈这样的情绪，是没有任何能力理解和判断的，孩子唯一能感受到的就是恐惧和无助。

其实当家长对孩子发脾气时，如果仔细觉察一下，不难发现大部分的情绪都来自自己的恐惧和期待。那一刻，家长不是当下的自己，那些情绪是过去的某种情绪或伤痛的延续，而当家长把那些情绪宣泄给孩子时，那些情绪就像一剂情绪毒药，将孩子瞬间卷入家长自己的过去。然而孩子是没有丝毫自我保护能力的，就这样，孩子成了家长情绪的牺牲品。

所以，家长们应该注意：当你有情绪时，你所要做的是自己面对自己的情绪，而不是将这种情绪转嫁到孩子身上。

作为父母，自我成长的责任之所以重大，就是因为你的生命质量影响着另外一个生命的成长，这不是任何教育方法所能替代的。一个幼小的生命应该在父母的爱和陪伴中长大，这样一个孩子心理生命的成长才会完整而丰富。

游戏可以释放情绪背后的压力

教育戏剧课上，我带孩子们用身体感受“自由”这个概念。我对孩子们说：“用你的身体姿态来表达你所理解的自由。”孩子们接到指令后开始了自己的表达，有的孩子在课室里跑，有的孩子舞动着自己的身体。这时，一个男孩直接冲到我面前动手就打，我顺势把他抱住，他挣脱我，我追上去问：“你觉得这是自由吗？”他用眼睛告诉我：“是的！”随即便和另外一个大一些的男孩打到了一起。我知道现在告诉他们打人是粗野的行为显然无法帮助到他们，于是我制定了一个新规则：对打的时候不可以碰到对方的身体。就这样，他们虽然有对手，但实际上是和空气对打着玩起来。

看着他们对打了一会儿之后，我又走到那个男孩身边问他：“现在你觉得自由是什么？”他不由分说又对着我打起来，这一次他边打边说："自由就是打妈妈，打死妈妈！"我一下子明白了，孩子刚开始打我时之所以一言不发，是因为孩子还没有放松到可以说出自己的内在感受。显然，他觉得说出"打妈妈"对他来讲是个很大的压力，而在他玩了打斗游戏后，情绪上得到了宣泄，内心也随之得到了放松，于是说出了自己压抑下来的情绪。

我问他："妈妈平时会给你很大的限制，是吗？"他气呼呼地说："是的！"我说："有时候没有自由，总是被管着，真让人生气呀！"他听了我说的话，像是放下了一个大包袱，但是并没有回应我，而是跳着去找他的打斗伙伴，继续去玩之前的打斗游戏。他们边打边笑，似乎明白了我设置那个游戏规则的意义，双方都不想去伤害对方的身体，而只是在游戏中释放着自己的情绪。

这是一群8岁左右的孩子，游戏虽然极其简单，却可以让孩子的情绪快速调整，释放情绪背后的心理积压。一旦这种释放完成后，疗愈也就自然而然地完成了。

尽管这个结果不是我最初的课程预想，因为孩子们显然没有碰触到自由，但是他们碰触到了不自由之后压抑出来的情绪。"自由"这个命题，成人可以思考，儿童则用行动来表达自由的情绪，这是成人和儿童不同的地方。当然，这也是教育戏剧的魅力所在：所有的过程才是真正的教育！

儿童情绪调整就是这样神速

早上，一个小朋友（3岁半）在楼道里推车，发出很大的噪声，我就在一旁观察他。两三分钟后，他开始踢自己的小车，我立刻蹲下来，说："你好像在生气？"他抬头对我嘟囔了几个音，脸上的表情是生气的。我又对他说："你可以换个方式表达，愿意和我说吗？"他没有理我，但是情绪已经开始转化。他从地上爬起来，把散落在楼道里的玩具都收在了他的大翻斗车里。在收的过程中，他的情绪慢慢恢复了平静。最后一个玩具收好后，他拿不了，开始对着楼道喊老师。我立刻对他说："我也是老师，我来帮助你，好吗？"他看了我一眼，把手里的东西硬塞进他的翻斗车里，愉快地推着跑了。

儿童情绪调整就是这样神速，有时候我们什么都不用做，他们就解决好了一切，我甚至有些崇拜他们！

家长总是容易被儿童的情绪牵制，看到孩子大哭大闹，第一个想法就是快点让他停下来，不愿意让孩子的情绪流淌出来。这是因为如果家长的情绪没有发展成熟，面对儿童时就会使用儿童的情绪，而没有办法用爱的情绪去陪伴他们。因此，我们也没有办法看到孩子情绪之下的心理活动。上面那个例子中，可以看到孩子气愤的原因是无法完成一堆玩具的收纳工作，这个工作对孩子来讲太难了，于是孩子有了压力。这时，这种无法解决的心理难以承受，于是他的情绪就以生气的形式爆发了。如果我们可以看到情绪背后的这种难以承受的心理，那么理解孩子的情绪就变得简单了，不是吗？

当然，一个3岁半的孩子调整情绪就是这么神速。他只是感觉到了你认真对待了他的情绪，他就把自己的情绪调整了过来。这是儿童的天分！

情绪是孩子表达自己的基本方式

一天，表弟的女儿妞妞到我妈妈家玩。她刚一进门，就开始了她的“工作”：把茶几上的东西用手拨下去；把盘子里的瓜子抓到外面；看到有人坐在鞋柜旁的小圆凳子上，她也要爬上去；偶尔不小心把牛奶洒到椅子上，似乎很好奇，立刻又故意倒了一次……总之，进到屋里后，她几乎一刻不停。从我的角度去看，她是在“工作”，在不断地尝试着使用自己的手，抓、摸、推等一系列动作对她来说是最重要的工作。但是，她奶奶的“工作”也来了。奶奶像个警察似的盯着孩子的每一个动作，满屋子都是奶奶的声音：不要抓，姑奶奶会生气的；不要爬，小心摔着；不要摸，脏东西有细菌……妞妞就这样在奶奶的喊叫声中和追赶中一刻不停地、见缝插针地活动着。这对祖孙就这样忙碌着，谁都不轻松，谁都不放弃。

我妹妹为妞妞设计了一个抓的工作，材料是两个杯子、一个托盘和一些瓜子。孩子很快就对这个工作产生了兴趣。她把瓜子一把一把地抓起来放到杯子里，抓了一会儿，又开始先把瓜子抓起来放在一个杯子里，然后再倒到另一个杯子里。大约工作了有一刻钟的时候，她忽然抓起一把瓜子扔到了盘子外面，进而又使劲地拍打盘子，瓜子几乎全部被她弄到了地板上。这个动作惹得刚刚夸奖了她的奶奶又开始了："不可以扔！姑姑让你玩，你就好好玩！"

这样的现象在日常带孩子的生活中并不少见。有时候，孩子玩着玩着就开始有了情绪，并且明显是一种莫名的生气（1岁多的孩子还没有将生气的情绪上升到愤怒）。面对这种情况时，大部分家长都觉得是孩子在任性，就像上面的例子，奶奶不知道这是儿童自我建构的一部分，她认为这个孩子在胡闹，所以祖孙二人才有了这样的冲突。但实际上，我们正是可以通过孩子的这些情绪来观察他们，发现成长中的问题，同时去解决这些问题。

孩子的情绪是表达自己的一种最基本的方式，而且这种表达是一种真实的本相。这是在给成人一个信号：我的认识在发生着变化。在上面的例子中，孩子生气的原因是以前被约束时积压下的情绪，在专注工作中获得了能量后的一种宣泄。不是当下发生了什么，而是家长要通过观察发现孩子的情绪来自哪里。儿童的工作曲线理论，就是通过儿童情绪的发展变化来对儿童的工作进行分析。当儿童在结束专注的工作后，有时候他会出现喜悦、满足的状态。这时，我们就知道，儿童的工作对儿童的生命有着建构的作用。有时候他会平静地看着自己的工作，沉浸在自己的世界里。这时，我们不能去打扰他，因为他正在经验他的生命，他的世界正在通过自己的工作建构着。有时候他在工作结束后获得了满足感和能量，于是就开始宣泄以往被压抑的情绪，而这种情绪的释放往往不被成人理解，因而又有了新的被压抑。

儿童的生命是一个自我建构的过程，是一个非常完善的发展机制。什么时候该做什么、什么时候该调整、什么时候启动自我愈合，都是有生命原本的发展模式的。我们能做的就是观察，在儿童需要的时候提供帮助，而这种观察和帮助正是我们需要学习的。

你的孩子能观照到自己的情绪吗？

上课之前，俊熙和乐颜有点争执，因为俊熙给乐颜起了绰号，乐颜也很快给俊熙起了绰号，两个人你一句我一句地叫起来。我制止了他俩，并且告诉他们我下课后处理这个问题。他俩没有说什么，我们开始上课。

这周学习的主题是“同学”，我们给学生提供的范文是《蓝色的纽扣》。学生们一人一段地读着，慢慢地进入了文章的情景中。因为文章中的主人公正雄与小野和孩子们是同龄人，所以很快就吸引了他们。

在对文章内容进行分析的过程中，孩子们讨论得都很积极，大家都觉得给别人起绰号是不好的事情，我觉得正好可以借着文章中的“起绰号事件”来解决俊熙和乐颜的事情。

我问同学们：“如果有人给你起了绰号，你会有什么样的感受呢？”

有的孩子说很生气，有的孩子说很讨厌。

我把目光落到了俊熙和乐颜身上，乐颜有点不自在地笑了，小声说：“是他先叫我的。”

我问乐颜：“当有人给你起绰号的时候，你的感受是什么呢？”

乐颜低着头，脸上有点难为情，停顿了一下说：“不好。”

我说：“是的，那种感觉一定让人不太舒服。那么，你觉得正确的做法是什么呢？”

乐颜笑了一下没有说话，我说：“告诉对方，你不愿意，请对方停止叫你的绰号。如果对方做不到，那么可以找老师来帮助你。”

他点了点头，我接着说：“如果你也给对方起一个绰号，然后你们就会陷入更多的矛盾和冲突中，是不是？”乐颜点了点头。

这时，我问俊熙的感受。俊熙表现出无所谓的样子说：“我没有什么感受呀。”我知道他还没有办法面对这个问题，因为是他先给乐颜起绰号的。

我说：“好的，这个问题我们课下再来解决。”

俊熙一听我这么说，立刻从座位上跳起来，到乐颜面前握着乐颜的手嬉闹着说：“对不起！对不起！”

乐颜一看这情景，也跟着闹起来，两个人就握着手相互笑着说对不起。我非常严肃地说：“我知道你们心里都明白自己的行为，你们是想解决问题还是这样继续逃避呢？”

他俩一看到我的认真，马上停止笑闹，认真地说：“老师，我们真的知道了。”

我又确认了一次：“你们真的可以做到不再给对方起绰号了吗？”他俩也认真地点了点头。我知道，俊熙虽然在行动上做出了调整和承诺，但是他的内心还没有能力面对自己的情绪。我觉得必须再找机会去和他解决这个问题。

下课之后，俊熙和小涵在爬楼梯的栏杆，我上前制止，小涵立刻说："是俊熙让我做的。"

我知道是小涵故意说的，当我看向俊熙的时候，发现他脸上快速闪过一丝恐惧，因为他担心我责备他。但是他马上大声喊道："不是我让他爬的，是他自己爬的！"

我说："老师看到了。"他听到我的话后就开始又笑着和小涵打闹。我想，解决俊熙无法面对情绪这个问题的时机到了。

当只剩下俊熙一个人的时候，我把他叫到身边，问他："小涵刚才说你让他做的，你的感受是什么？"

他又是一副无所谓的样子说："我没有感受，我这个人就是没有感受呀！"

我直截了当地问道："老师看到你的脸上闪过一丝恐惧，你怕老师说你，是吗？"

他马上解释："我是被冤枉的。"

我说："是的，你是被冤枉的。当你被冤枉的时候，你有什么感受？"他强词夺理地说："我经常被冤枉呀，我没有什么感觉呀！"

我坚定地说："你有的，老师看到了，你只是想忽略那个感受。"这一次，他没有再强硬地坚持，稍微柔软了一下，快速说了一句"我很难受，好了吧"，说完好像还有一些不安。

我说："老师特别理解你的那个难受的感觉，你需要去面对它！"

俊熙看了我一眼，没有说什么，我在他的眼神中看到了他的理解。这是一个良好的开端，成长就是这样，需要时机，需要时间，也需要顿悟。

我有感受，你也有感受，这是我们人类的功能，我们为什么要忽略自己的感受呢？我猜想俊熙在成长的过程中，他的感受没有被看见或是被忽略，所以他也没有办法看见自己的感受。我之所以强调感受十分重要，是因为我们每个人会因为某种感受得到一个结论，这个结论会成为我们生命的一部分。而忽略感受得到的结论一定是模糊和不清晰、不准确的，所以我才强调让孩子表达感受。

这种忽略归结起来有两个原因：

第一，他们没有心理力量去观照自己的情绪；

第二，他们似乎已经习惯性地逃避自己的情绪，这是一种惯性的心理模式。

因此，在孩子成长的过程中，情绪发展是非常重要的。这意味着孩子需要看清楚自己的情绪发生了什么样的变化，同时有观照自己情绪的能力。

这种观照是面对、允许和调整。如果想要做到这样的观照，孩子必须是自己情绪的主人，他们知道情绪是面对事件的一种自然反应，是人们内心世界的一种自然流露，也是内心世界和外部世界的一种交流媒介。

对所有的成人而言，当我们是情绪的主人的时候，我们对自己的情绪是清晰的，是有把握的，同时也是有意识的，情绪不会大到掌控我们，让我们失去理智。这时，理性就出现了。

而这个过程就是情绪发展的过程。人们从感性走向理性，从本能情绪发展出精微情绪，生命因此呈现出丰富而饱满的状态。

我想打人，因为我觉得那样痛快

写作课上，孩子们讨论到和他人发生冲突时该如何解决时，很快分成两个阵营：一组孩子认为该用协商、沟通的方法来解决问题；另一组孩子则认为应该直接用武力解决问题，他们自称为“暴力组”。悦悦是“暴力组”的组员，他反复表达着自己的观点：“挑衅我的人就要打他。”我问他还有其他办法吗，他说：“都不管用，所有的方法都用过了。”

其实，我知道悦悦分享的不是现实中发生的事情，他只是借着分享宣泄自己的情绪。我问他：“如果你打了那个挑衅你的同学，你的感受是什么？”他说：“爽！”我解释了一下他的话：“你说的爽是痛快的感觉吗？”他说：“是的。”

我没有再和他讲道理，而是坚定地说：“如果你下次再和那个同学发生冲突，你就打他！”他看着我，认真地点了一下头。瞬间，他身上那种一直坚持绷着的劲松了下来。

其他同学有点奇怪地看着我，但是在我和悦悦的对视中，我们都知道，他不会真的去实施这个打人的想法，只是他的这种情绪得到了我的认可。他也需要我的认可，也就是说，淋漓尽致地表达自己。这样的表达也能使孩子有一种痛快的感觉。这种认可对他来讲，就是他对自己这种情绪的释放，同时也是对这种情绪的认知和发展。在解决完悦悦的这个问题之后，“暴力组”的孩子在情绪上也变得没有那么激烈了。这时，我给大家解释道：“老师之所以刚才支持悦悦遇到挑衅的人就打回去，是因为老师知道悦悦只是停留在对情绪的处理上，他需要老师对他的情绪的认可，这样他也就对自己的情绪有了认识。一个人一旦认识到自己的情绪后，就能够管理自己的情绪，成为自己情绪的主人，因此不会因为情绪而做出不理智的行为，比如打人。”

这节课上的讨论继续进行着，先前几个“暴力组”的成员都不再坚持使用武力解决冲突的方法，而是开始寻找文明的方式来解决。有几个孩子在头脑里想象着有千百万虾兵蟹将，或者是心目中非常厉害的人物替自己去出征，并且在这种想象中获得一种宣泄的痛快感。课堂开始变得轻松起来，孩子们似乎知道每个人内在都有一种想要爆发的情绪，而通过讨论和老师的“支持”，那种情绪在瞬间流淌了过去。孩子们开始写作，教室安静了下来，理性再一次回到课堂上。

在孩子成长的过程中，他可能会遇到一些事情，这些事情的事态会大过孩子的承受能力，让孩子内在产生不被理解、无奈和委屈的感受。这个时候，孩子可能很弱小，不仅没有力量，而且似乎也没有办法去面对；或者是不被容许做一些事情，抑或是已经有了自我克制，然而孩子的情绪不会因为无法行动就不产生。但我们会发现，往往事件会过去，没有得到处理的情绪却被压抑下来。这些情绪在孩子的心里打着各种结，渐渐地，情绪开始越来越多地掌控孩子，而孩子也开始被情绪驱使，做出一系列反应……

在孩子情绪发展的过程中，最重要的环节是看到孩子的情绪，并且帮助孩子发展。任何一种情绪都没有好坏之分，也没有应不应该之说，情绪是我们对外部世界的反应。孙瑞雪老师在《完整的成长》一书中写道："我们需要肯定和认同孩子的情绪，使孩子接纳自己的情绪，并与自己的情绪为伴，帮助他发展出丰富而微妙的情感，帮助他过渡并上升到一个尽可能靠近真实的生命世界。"这就是说，我们需要让孩子通过情绪来认识和发展自己的内在世界，而不是将情绪排除在成长之外。家长总是对孩子的情绪做出好与坏的评判，不给孩子认识自己情绪的机会，使孩子经常陷入自己的情绪中，对他人和自己的认识都不清晰。所以，孩子没有办法处理自己的心理反应，理性也因此无法被唤醒。

情绪的发展是一个过程，孩子在生活的各种事件中经历着各种情绪，随着年龄的增长，经历的情绪也越来越复杂。这些经历是由孩子自己内在去体验的，成人要做的就是给孩子这样的机会去经历，不要试图去阻止和压制，要让孩子自己去认知自己的情绪、发展自己的情绪。当他们需要帮助的时候，成人只要陪伴就好了，不需要去强加干涉，就好像我们在课堂中遇到的情况那样，只是陪伴着、倾听着，认可他们，不做评判。然后，孩子就明白了自己的情绪，从而超越了自己的局限。成长就是在一次次的超越中完成的。

面对拒绝，你够坦然吗？

幼儿园每天都有几个小孩子来办公室打电话，有的是记住了父母的电话号码，有的就是想打电话玩一下，而我每次都会找各种理由拒绝他们。

有一天，5岁的麟麟走进我的办公室，我知道她是来打电话的。所以她刚一开口，我就说：“这是办公用的电话，小朋友不能总是来打扰老师。”她遭到我的拒绝后气呼呼地说：“不打就不打，没有同情心！”然后她头都不回地走了。我当时就笑了，面对拒绝，我自叹不如这些孩子坦然。

在读书会上，有个妈妈分享，她总是无法向自己的先生提出内心的需求，因为她怕被拒绝。我想，对这一点很多成人都会有同感。

成人为什么都害怕被拒绝呢？被他人拒绝是不是我们就没有价值

了？那是因为我们的内在没有办法把被拒绝这件事情和自己的价值感剥离开。

当我拒绝来打电话的麟麟时，她能够坦然地接纳我的拒绝，是因为对于一个5岁的孩子来讲，她已经具备将事情和她自己剥离开的能力。所以，当我拒绝她的时候，她并不会觉得自己有什么问题，只是不被允许打电话而已。

而当那位妈妈遭到拒绝的时候，内心立刻有个声音出来："我不够好。""我不被接纳。""我不值得拥有。"……这一系列的念头使得那位妈妈没有办法正确看待自己，进入一种自我否定的情绪状态中，将自己等同到被拒绝的事情中，而把客观的事情丢在一边。

为什么上面例子中的孩子面对拒绝会比我们坦然得多呢？当然，这并不是因为孩子天生就有这样的心理状态，他们是经历了一个心理发展，才有了这样健全的心理状态的。

在孙瑞雪教育机构的幼儿园有个规则是：学会说"不！"。这个规则的内容是，一个孩子有权利拒绝他人，同时被拒绝的人也需要尊重对方的选择。这里的他人也包括成人。

正是幼儿园有了这个可以说"不！"的规则，使孩子们有了建构自己心理界限的空间。与此同时，孩子们在心理上也得到了尊重。这样成长起来的孩子，不会因为他人的拒绝而感到自己价值感的缺失。虽然是一个简单的"不"字，但是它捍卫了一个独立心灵的自由空间。

当你有权利拒绝他人时，你知道自己是在维护权利和界限；那么当你被别人拒绝时，你就会知道对方只是在维护自己的界限，当然也就不会和自己的价值感混为一谈。

另外，儿童在成长的过程中如果总是被指责、被教训，就会使儿童没有能力将内在的自我建立起来，即蒙特梭利所说的精神胚胎[①]无法实体化。这样一个没有自我的人，就容易将自己混同到事件中，混同到他人的情绪中，从而产生对自己的不满，从而使尴尬的情绪滋长。

每一个鲜活的生命借着父母来到这个世界上，他们是来实践生命的本质意义的，父母仅仅是个协助者。因而，爱孩子吧！让孩子在自由的成长中成为他自己！这样养育的就是一个独立的生命，否则就是他人人生的复制品！

---

① 精神胚胎：新生儿必须做一项形成的工作，这项在精神领域里进行的工作与胚胎期生理领域里所做的工作非常相似。出生后的工作是一种在被称为“形成期”里进行的建构活动，这使婴儿进入了一个“精神胚胎期”。（《蒙台梭利幼儿教育科学方法》，人民教育出版社，1993年，第378页）

2
第 二 章

认知的发展

感觉的发展过程

天天在我对面吃蛋糕，我对他唱道：“对面的男孩看过来，看过来……这里的风景真精彩……”我一边唱一边对着他笑。他刚开始感觉有点不好意思，头低着，憋着笑。我就继续唱，他终于忍不住，特别开心地大笑起来。

等我停住不唱的时候，他说：“王老师，你再唱。”我以为他只是喜欢歌词的交流感，于是我用同样的调子变了可以交流的词：“对面的天天看过来，我看你的蛋糕很好吃……”但这一次他只是笑，没那么开心了，我感觉似乎有点不对，却不知道为什么，唱完几句之后，我就停了。

这时他又说：“王老师，你再唱！”这次我决定换回原来的歌词，只是带着很强的情感交流，他又开心地大笑起来。我就一直重复着唱，他就一直那样开心地笑着。就在那一瞬间，我顿时明白了他为什么让我不停唱歌的原因了。因为通过唱歌这个环节，他感觉到了和我之间情感的交流，这种交流的感觉带给他快乐，所以他想一遍一遍不停地去感受。越是感受，这种快乐的感觉越是能停留在他的内心，他就越是想要这样的感觉。这种感觉的积累，就会慢慢地成为他的心理感觉。当他和一个人交流的时候，既会向对方表达，又会感受到他人的表达，人和人的连接就发生了。

感觉的发展最早表现在感觉器官的本能发展上，也就是视觉、听觉、味觉、嗅觉、触觉的原始感觉的发展。随着孩子感觉经验的丰富，这种来自身体的原始感觉，在反复经历的过程中上升到他们的心理层面，成为他们的心理感觉。

比如，一个两三岁的孩子第一次接触“粗糙”这个概念，一定是通过触摸到粗糙的物品，那种触觉产生的感觉让他明白了粗糙是一种摸上去有些扎手的感觉，这种感觉让他不舒服。这时成人告诉他，这种感觉用“粗糙”这个词来表达，于是他学习到了“粗糙”这个概念。

再比如，一个4岁多的孩子告诉我：“我们老师太粗糙了。”我问：“怎么粗糙了？”她说：“她说话很大声。”显而易见，孩子对这种行为上粗糙的表现，已经不再是一个身体感觉的认识了，这是一种非常准确的心理感受。

老师大声说话的时候，孩子感觉到了某种情绪——某种没有被温柔对待的感觉。而这种感觉和被粗糙的物品摩擦手的感觉类似，于是孩子明白了，这种感觉也叫作“粗糙”。这个过程中，儿童的身体感受被肉体化了，这种感受被当成一个认识更高级事物的工具。有了这样的认识工具，儿童认识到某种行为带给他粗糙的感觉时，这个表达就是心理感觉的呈现。心理感觉的形成，标志着儿童的感觉又向成熟迈进了一步。

感觉的发展，经历了从无到有的过程，同时也经历着由粗糙单一到精微丰富的过程。经历这个过程，每个生命只能依靠自己的感觉，也就是你自己是自己的感觉的主体，这种经历无法由任何人替代。

在我和天天的游戏中，天天的心理感受被激活。但这种偶然的快乐并不能一下子就成为他心理的一部分，所以他想一遍又一遍地感受这种快乐，让这种快乐变成他生命的一部分，形成他的心理肌肉，从而用这样的心理感觉去连接世界与他人。

孩子是如何学习的

首先要说的是，家长们都关心孩子是怎么学习的，有谁思考过我们自己是如何学习的？我们和孩子的学习过程是一样的吗？其实，家长思考的过程本身就是一种学习的过程。

蒙特梭利说，儿童和成人是两个世界的人，不是延续。原因就是我们长大成人后，会完全忘记我们童年的过程，而且成人的认知方式发生了翻天覆地的变化，这种变化使我们难以理解儿童。

因而，我们想要了解儿童，就必须尝试着走进儿童的世界。我不能说我一定和儿童一样，但是我清晰地知道，作为一位老师，我在和儿童相处时，用的从来都不是头脑，我一见到孩子，自然而然就启动了感觉。

我们要从“感觉”这个概念人手，这样我们才能试着走进儿童。

儿童是通过感觉学习的。婴儿出生时，与生俱来的只有感官，五种感觉是他们认识这个世界的唯一工具。

触觉

最早的触觉是我们和孩子接触时孩子的身体产生的压觉。这种感觉让孩子和我们有了一个潜在的连接，不是有意识的，但是它存在着，所以爱孩子最开始表现在这种触摸上，包括拥抱。

但是，我们在日常生活中，非常不适应的就是拥抱。因为我们小时候被父母抱得不够，没有来自父母温暖柔软怀抱的感觉。

幼儿园里有好多孩子的身体或是僵硬，或是瘫软，都是没有被好好抚摸的状态。大部分家长都不知道最初给孩子的拥抱，会直接“长”在孩子的身体里、心理中和认知上。所以，孩子的触觉学习来自最初对触觉的感觉，直到孩子可以模糊地意识到手的存在，触觉才开始渐渐变得有意识了。

家长也不难发现，孩子的手部活动是从张开开始的，而不是握这个动作。这是很有意思的，这个动作往往会让我觉得，只有放下才能拿起，只有开放才能有学习。孩子手部的发展会一直延续到4岁左右，从放开自己的五个指头一直到能做出精细的抓握动作，如五指抓、四指抓、三指抓、二指抓等，在这个过程中，孩子经由触觉认知外部的世界。

视觉

加拿大心理学家史蒂芬·平克在《心智探奇》一书中说：“视觉感知是心智的重要能力之一。视觉就是用心语对外界惊喜进行描述的过程。”这表明人的视觉不只是单纯的感觉系统，而是人的心智的一部分，也有人说视觉是儿童的第二大脑。

然而，视觉的发展并不是一开始就完善的，小婴儿喜欢明暗交错的地方，喜欢光影斑驳的感觉，那是因为婴儿还没有完善的视觉系统，他们的视觉还处在黑白且模糊的状态中。随着视觉功能的完善，孩子的空间认识越来越广，从黑白到彩色、从平面到立体、从二维到三维，儿童的视觉发展一步步展开，世界开始展现在儿童的面前。史蒂芬·平克说，视觉创造了对世界的描述或者表征，并将其铭刻于大脑的公告板上，供所有心智模块读取。这就是说，儿童在发展视觉的同时，也为心智其他部分的发展提供了信息。所以，儿童的视觉发展在出生的前3年是非常重要的。

儿童的视觉一旦发展完善，就会成为最重要的感觉器官，成为吸收外界信息的重要工具。因此，为了给其他感觉器官独立的发展机会，蒙特梭利在感官教育中会经常使用感觉隔离的方式。感觉隔离就是将一种感觉的学习孤立出来，不受其他感觉的干扰。比如，盲人游戏，即将孩子的视觉遮挡起来，只进行单一的味觉、听觉、嗅觉训练，典型的教具有味觉瓶、听觉桶等。

味觉

美国作家戴安娜·阿克曼在《感觉的自然史》中说味觉是社交感觉，当人们聚在一起吃饭时，是最好的交往时机。有些实验证明，人类对味道的偏好似乎没有什么规律，有人喜欢榴梿，有人喜欢臭豆腐，有人喜欢酸杏子，有人喜欢苦瓜……没有什么统一标准。德国心理学家威廉·普莱尔在《幼儿的感觉与意志》一书中写道：“在一切感觉之中，味觉似乎是最先发生明细的知觉的，这种知觉立刻就附带上记忆。”也就是说，我们的味觉带有浓浓的记忆，这也为所有人都迷恋“家乡的味道”给予了佐证。所以，味觉会给人带来幸福感。幼儿园的孩子在上味觉课时，从来不会放过任何一种味道的刺激，即使是酸、苦，也都会尝了又尝。儿童对味觉的探索总是带给成人忍俊不禁的乐趣，网上有好些让小宝宝吃柠檬的视频就是许多成年人的笑料。可见，儿童在味觉的发展上是多么不易又顽强。

除了味觉，口还是儿童认识世界所使用的第一个工具。口的发展是与生俱来的，最典型的就是吮吸的动作无师自通。但是，孩子口的发展最容易被限制，尤其是1岁左右的时候，见什么都抓来往嘴里塞，成人就千方百计限制孩子这么做。要知道，口和手都是儿童的智性工具，未来的语言发展和使用工具都靠它们。

听觉

好好回想一下在过去的三年里，你好好地照顾过自己的听觉吗？

儿童的听觉是需要训练的，蒙特梭利教具中有一套听觉桶，其中有不同材质的物品和同质不同数量的物品，孩子们通过反复的听觉练习进行辨别和分类。这种有意识的训练对儿童听觉的发展很有帮助。

学习音乐的人都知道听力练耳是学习音乐的基础，这影响着音乐人对音准的把握程度。据说，盲人的听觉都格外好，我想主要是因为他们在丧失视觉功能后，对外部世界的认识大部分由听觉和触觉来完成。这就是为什么许多人有闭着眼睛听音乐的习惯吧。我们现在都习惯性地看着听，比如一场音乐会，观众会被舞台、背景和形象等视觉因素干扰，从而无法完全去感受听觉。回到儿童的听觉发展上，使用正确的方法帮助儿童发展，是非常有必要的。《幻想曲2000》《莫扎特效应》都是很好的帮助儿童发展听力和音乐理解力的经典作品。

听觉的发展和儿童语言的发展是紧密相关的，语言的发展又和思维发展密切相关，因此蒙特梭利说在儿童语言发展的“敏感期”[①]到来时，应该将儿童暴露在语言环境中，也就是说儿童应该有充分的声音环境，比如跟孩子说话、给孩子读故事、在日常的生活中给孩子播放经典的音乐等。但我们要牢牢记住的是：给儿童听优质的音乐，给儿童说简洁、真实、准确、优美的语言，不要讲废话，因为废话是噪声。

嗅觉

嗅觉，比听觉的地位貌似更低一些。所以，请大家去闻闻味道吧！否则，我们的嗅觉真的就被遗忘了。

嗅觉，是美食家必备的一种感觉。我采访一位年轻老师，问她为什么喜欢茉莉花、桂花的味道？她说：“我喜欢它们清香的味道，这种味道让我有一种愉悦感，并且让我感到和自然有交集。那种清香能使我安静下来。”记得我儿子说：“妈妈，我喜欢家里每天早上有烤面包和咖啡的香味，这样才像个家。”嗅觉，让我们感觉到温暖和幸福。有一阵子，我儿子热衷于给我和来我们家的客人煮咖啡，我想，他是在寻找那种感觉吧。

嗅觉，一种默默无闻却在影响着我们幸福感的感觉。有人说，嗅觉是最少被利用的认知东西的手段，这可能是因为嗅觉和味觉容易混淆。所以，有意识地对孩子进行嗅觉训练是有必要的。给孩子提供各

---

① 关于儿童敏感期的发展，建议家长认真阅读孙瑞雪老师的《捕捉儿童敏感期》（由中国妇女出版社出版发行）。

种味道，然后将描述这些味道的词语告诉孩子，这和教孩子去认识色彩和练习听力是一样的道理。

随着年龄的增长，你会发现，我们的五种感觉往往同时作用于我们，而不会各行其是。随着大家对自己感觉的回忆，是不是发现它们对我们的影响比我们想象的要大呢？所以，孩子最初的学习必须通过发展感官而获得。

儿童空间知觉的发展

身体是探索空间的工具

儿童在成长的过程中，始终伴有对空间的认识、把握和使用。这种对空间的认识，不只是对外部空间而言的，同时也是儿童心理空间的一个发展过程。

儿童经由摸、踢、看，逐渐展开了对空间的认识。这一切始于出生时产道的挤压。小婴儿在妈妈的肚子里时，对空间的感觉是：做任何一个动作时，都会有一个柔软的东西被触碰到或者将自己挡回来。他此时和子宫里的空间是一体的，空间的感觉是很小的。当儿童出生时，母亲的宫缩会在空间上给他一种挤压感。这种挤压感使儿童在感受上形成空间变化的预报。当儿童从那个温暖狭小的空间忽然来到这个对他来讲没有边界的空间时，那种对空间的不适应引发了巨大的恐惧，伴随着这种情绪，儿童开始了对时空的探索。

儿童认识世界的第一个工具就是自己的身体，但是出生时，他还不能够掌握自己的身体，对自己的一举一动都处在一种无意识的使用中，每一个动作都是一次学习。当这种重复越来越多时，孩子就开始对某个特定动作能完成的事情有了把握和控制的能力，并惊喜地发现，这个动作导致了那个结果。比如，孩子在3个月左右时，你给他一个奶瓶，他可能会无意识地抱着，但他并不知道这个奶瓶保持在这个位置上是由自己的双手握着而导致的。孩子到了半岁左右，你给他一个奶瓶让他自己抱着，他基本上能够用双手比较好地抱着了，同时他也知道奶瓶和双手动作之间的关系。但他要突破的是调整奶瓶的位置，从而能够更好地将奶瓶里的奶喝到嘴里。这个过程的发展是循序渐进的。一旦孩子对自己身体的存在开始有了觉知之后，他就会用自己的身体去探索周围的空间。在上面的例子中，孩子一点一点对自己、对物品、对自己所处的小空间有了感觉，这种感觉产生的经验，就是儿童最初的智能。空间智能的发展就这样开始了。

等到孩子能够爬行的时候，他对空间的探索就真正开始实践了。他会移动自己，这一点给了他莫大的鼓励，因为他可以带着自己的身体对眼睛能看到的空间进行实地考察了。尽管这个时候他还不能直达自己的目的地，而是会被中途任何一样事物吸引，但这不会影响身体对空间探索的脚步，因为一旦开始行动，这种动力就不会自己消失，不断前进、被打扰、再前进就是他的工作——生命的工作。

儿童和物的空间关系

一个1岁多的女孩由妈妈带着来幼儿园参观。她突然发现其他小朋友扔在地上的碎纸屑，就像发现新大陆一样冲过去，伸出不太灵活的手指，专注地捡了起来。虽然一边捡一边掉，但她乐此不疲，因为她到了细小事物的敏感期，这种内在动力驱使她行动，而且非常专注。

细小事物的敏感期是对小空间认识的一种表现。成人世界忽略的、看不见的微小东西，在儿童的眼睛里似乎被放大了，他们的眼睛时刻在探索着。这个时期的孩子刚开始独立走路，这种对自己身体的支配能力，使他们对环境探索的自主性大大提升，同时探索的空间范围也在逐渐扩大。

因此，儿童对小空间的探索和对大空间的探索是同时开展的。儿童对外在空间的探索也是一个走向独立的过程，经由这种探索，开始逐渐地把握自己，也把握自己和空间的关系。这种把握既是对空间的把握，也是对空间环境里所有事物的把握。

探索的内在动力是与生俱来的，但是内在形成空间智能需要一个有特定教育目标的环境。蒙特梭利教育对儿童空间的发展有一套完整的感觉教具。从一维、二维到三维，这些教具对儿童空间发展的帮助是至关重要的。我看到孩子们在操作圆柱体插座这个教具时，他们会一遍遍地去触摸，感受圆柱体的大小、高矮、粗细，然后再一遍遍地去触摸配对的洞穴的大小、高矮、粗细。这样的过程，使他们对摸到的、看到的空间变化一次次地产生着体验；这种体验，让他们产生了一种直觉的感官认识；这种直觉，反复被确认（配对成功）后会上升为头脑的认识；这种认识就是智能，也就是说，以后只要他们看见一个圆柱体，就会用视觉直观地做出正确的判断。经由有目的的学习，孩子对空间的认识会越来越具体，也越来越丰富。

身体是探索空间的工具。儿童凭借着感觉展开探索，又经由行动去实践，并确定在自己的身体里，成为自己的一部分。所有经由身体产生的体验都会肉体化，都不会被忘记，就好像游泳、开车、打球等，长时间不做这些事情可能会生疏，但是不会忘记，熟悉一下很快就可以重新掌握。因为这是肌肉记忆，不来自头脑，不是知识——知识有时候和我们没有关系，曾经记住了的也会忘记。也就是说，儿童对空间的认识和把握，从感觉上升到智能的整个过程，都是经由身体的肌肉记忆完成的。所以，儿童形成的空间智能也是经由肉体化的过程来完成的。空间没有办法被记忆，必须去经历。这是一个典型的来自身体本能直到形成空间逻辑智能的发展过程，也是一个从具象走向抽象的发展过程。

儿童和人的空间关系

儿童从4个月左右开始认识周围的人，并做出一个最简单的筛选，陪伴他最久的人就是他的目标。从成人角度看，这个时候的孩子已经能够区别最亲近的人了。我们说，儿童开始了最初的与人相处的关系，尽管这时的他还不能意识到自己的存在。接下来的几个月里，孩子开始认准一个人，一个让他感受到熟悉且安全的人，妈妈往往是和孩子建立这种关系的第一人。

一旦儿童在心理上能够感受到一个人的存在，并且这个人和自己是有关联的，那么他心里便有了一个能装下这个人的空间。随着年龄的增长，孩子的心里可以装下的人越来越多，除了父母之外，还有其他经常出现在生活里的人。之后，他开始接触家人之外的其他人，比如父母的朋友或者邻居。

3岁，孩子开始上幼儿园，他对新环境出现的陌生人接纳的顺序依次是：自己班自己喜欢的老师、自己班的老师、其他自己喜欢的老师、其他老师、办公室工作人员和后勤人员（坐校车的孩子对司机师傅的接纳快一些）。我们从这个接纳顺序里可以发现，孩子和他人之间的心理空间一步步扩大的同时，情感也在发展。也就是说，孩子总是会对自己喜欢的人先敞开心理空间，在适应了新的心理空间之后，再慢慢打开自己，接纳身边所有的人。

随着人际关系敏感期的到来，孩子开始把注意力放在交往上，也会主动建立与他人的关系，尝试探索与人交往的方法，并享受与人交往带来的快乐。他们的心理空间变得越来越大。在儿童心理空间开始一点点变大的同时，他们的心理世界也变大了。这种变大使得儿童开始从自己的世界中，逐步走向外面的世界。他们开始迎接新的调整，因为他们的内在已经准备好了。

心理空间的发展，一直伴随着儿童的成长。也就是说，儿童的成长，在某种程度上讲是一个内在扩容的过程。心理空间越大的孩子，对自身之外的人和事的接纳程度越高，这当然也意味着人际关系智能越好。

儿童通过“工作”发展

上午10点钟的时候，我走到小精灵班的门口，隔着门上的玻璃，一眼就看到了恩恩（3岁10个月）以及她的工作——色板第三箱。

63块色板已经分别按照不同的颜色由浅到深地排列着。我推开门走进教室时，恩恩正在高兴地跳。刚跳了两三下，她就戛然而止，好像立刻没有了工作后的喜悦，似乎愉悦转瞬即逝。她茫然地趴在身后的教具柜上，无意识地用手摆弄着托盘里的套娃，然后用嘴在教具柜的边缘划来划去。

所有这些都是无意识的活动。我一边观察着她，一边拿出相机拍那些被她排列得非常有序的色板。而恩恩就那样无意识地看着，很平静。

又过了几分钟，她坐了下来，拿起空的教具盒，对着我说：“空了，我都摆完了。”说话时我感觉她没有任何心理活动，就像局外人在客观地说一件事情。我马上高兴地回应“真棒”，并向她竖了一下大拇指。

接下来，我坐在她的工作毯旁边，想观察一下她下一步的工作。这时，她开始收第一行绿色的色板。她把色板一块一块地摞起来，七块色板都按原先的顺序摞起来时，她就把脸贴在工作毯上，透过色板间的缝隙看前面，边看边自言自语地说：“什么都能看见。”我正回头想看一下她到底看到了什么的时候，她突然直起身子问我：“我的妈妈呢？”我小声回答：“妈妈上班去了。”她好像没听见，也或许并不是要我的回答，于是又问了一遍。我还是回答“妈妈上班去了”，然后她的眼睛不看我，好像是自言自语又好像是在对我说：“妈妈上班去了，如果不上就挣不到钱，就没钱给我买这些。”她边说边揪着自己的衣服。我有些诧异，不知该怎么回应孩子，于是就什么也没有说，而她也没有表示任何期待。（这时，恩恩的情绪回到了以往的经验中，因为妈妈不能和她在一起与挣钱买衣服之间，存在着她所不能理解的矛盾。这是妈妈给她的说法，所以这时她只是在重复这个语言，但是无法将它和自己的感受放在一起。）

她继续摞色板，当摞到第十一块的时候，一不小心摞起来的色板倒了。我立刻觉得很遗憾，同时觉得孩子也会难过，于是我仔细地观察着恩恩，她也出现了一丝情绪，可是你几乎觉察不到她的情绪反应。我有点疑惑，但这种疑惑也随着孩子的情绪立刻过去了。她开始重新把倒下去的色板摞起来，这时我观察到，色板倒下时顺序乱了，而她在重新摆的时候仍然一块都不错地按原来的顺序摞了起来，每摞一两块就将脸贴在地上看，每看一次就自言自语地说一句话。

她忽然问我：“你是哪个班的老师？”我说：“我是办公室的老师。”她又问：“为什么来我们班？”我说：“我到每个班看小朋友的工作。”

她想了一下说："你怎么不去别的班看？"我马上意识到她不想让我坐在这里看着她，于是我问她："你是不是不愿意我这样看着你？"她没有任何表情地点了点头。我立刻站起身来说"好吧"，并且直接离开了小精灵班。

恩恩似乎有意识地摆色板给老师看，但又不走出自己的思绪。我的出现像是打扰了她，又像是没有。这种打扰就像远处驶过一辆小车，或像近处飞过一只蝴蝶，所以她仍在思绪中，但有一丝变化。她似乎意识到有老师坐在对面妨碍她的思绪，就请老师离开。

走出教室，我开始思考恩恩在认知和心理感受能力方面的问题。首先，孩子的认知能力是非常好的，但是在完成一项对孩子来说是巨大工程的工作后，按照经验她应当沉浸在喜悦中才对。恩恩的喜悦却无法停留，孩子似乎无法感受到喜悦。工作后的儿童由于经历了一个认知能力发展的过程，他在心理上获得了一定的满足感和能量，这时他会回到以往积压下来的没有被处理的情绪当中，就像恩恩说："妈妈上班去了，如果不上就挣不到钱，就没钱给我买这些。"在恩恩心里，她需要妈妈的陪伴，但是妈妈的话和她的心理需求之间无法协调，因而在工作完之后，她才开始有能量去面对这个问题。当然，她也只是面对自己心里的不解而已，因为她用妈妈给她的认知来解释自己的心理需求。这个认知结果是成人灌输的，而不是孩子自身发展出来的。

我们对儿童认知的观察，是借着儿童表现出来的情绪以及对工作难易程度的把握。而儿童内部将感觉信息进行加工、整理，以及形成自己的认知结构，是一个内化的过程，我们无法参与其中并提供帮助。蒙特梭利说，工作可以使儿童正常化。这个正常化指的是儿童心理生命成长的正常化，也就是说，它是儿童完整的成长的一个途径，并不仅仅是知识的增加，同时也伴随着心理、精神的发展。也正因为如此，儿童在经历工作之后，他们呈现在我们面前的是情绪的发展、感觉经验的丰富，以及精神感觉的不断发展，而我们也正是透过这些可以看到的部分去认识、帮助儿童。

让知识进入孩子的肌肉里

一个小朋友走进办公室，一进门就指着屋顶的吊扇问："这是什么品牌的？"还没等我作出反应，他又问了一遍。办公室的老师走到风扇的开关前看了一下，告诉他："美的牌。"他重复了一遍："美的牌的。"接着，他又指着饮水机上的水桶问："这是多少升的？"我说："18.9升。"他也重复了一遍答案。然后，他又指着老师的电脑问："这是什么品牌的？"这时，办公室的老师没有直接回答他的问题，而是问他："你叫什么名字？"他说："我叫王进宏，国王的王，前进的进，宏伟的宏。"由于他说得特别熟练，我们一下子怔住了，竟然一时不知道如何回应他。就这样，孩子在我们的面面相觑中离开了办公室。

许多成人认为，儿童的成长过程就是学习知识的过程，并且把学到了多少知识作为对孩子成长的判断标准，家长抓紧一切机会给孩子灌输知识。我们看到的孩子没有一个对生命、对环境充满探索的认知状态，而有着一个对知识不断记忆的刻板模式。巴布亚新几内亚有句谚语："知识在进入肌肉之前，不过是个传说。"想一想，许多成人都是按照自己的经验和意愿来教育孩子，从来不考虑孩子的内在需求，孩子记忆的知识，永远不会进入他的肌肉。成人总想创造儿童的成长，而实际上他们只是在复制自己罢了！

人类的学习，首先是从感觉开始的。婴儿出生时，就有一些本能的感觉，这些感觉是帮助他们学习的最初工具。随着年龄的增长，孩子会不断地、反复地听、看、闻、尝、触摸，经由身体的感觉器官去吸收外部信息，然后将这些信息在自己的感觉中重复地体验，产生知觉。知觉是在感觉的基础上，对感觉器官收集到的信息进行处理和解释。之后，智能慢慢出现了，孩子不但感觉到冷、热、烫等外部信息刺激，同时知道了随着热的感觉越来越强烈，就会有痛的感觉出现，于是他学会了不去触碰会让自己产生痛感的事物——孩子学会了保护自己。关于烫的知识，就这样经历感觉、知觉、心理感受等进入了他的肌肉，认知自然而然发生了，它不是机械模仿，更不是简单记忆！

环境越丰富，儿童发展越充分

儿童的认识分为对内在的认识和对外部世界的认知。对外部世界的认知过程最早是通过感觉完成的，儿童从出生到12岁，在认知上将经历一个完整的发展过程。比如，儿童第一次见到红苹果时，首先看到它的颜色；当他触摸到苹果时，感受到的是光滑的表面；吃到苹果时，一边会闻到芳香的味道，一边会尝到甜的感觉；而这时，成人会给他一个概念——苹果。儿童透过看、触摸、品尝、嗅、听这五种感觉完成对苹果的认识，这个完整的从感觉经由心理到概念的学习过程，就是一个初级的认知过程。儿童认知的发展是由无数个这样的过程组成的，这个过程会一直持续到12岁，也就是人的抽象思维形成的时候。

由于儿童的认知发展是随时随地发生的，所以儿童必须处在一个有意识的、随时可以提供帮助的环境中。正如蒙特梭利提出，教室和户外都是课堂，对于儿童来讲，成长的时机是随时随地发生的。

正是由于儿童的这一发展特点，作为儿童成长环境中最重要的成人来讲，家长应该随时做好准备来迎接儿童的成长。我们提供给儿童的成长环境越是丰富、成熟，儿童的发展越是充分。

美的认知发展

5岁的芷芊走进我的办公室，我没有抬头，只是知道孩子进来了，因为总是有孩子到我办公室逛游一下就走了。但是，她好一阵子都没离开，我就抬起头来看了她一眼，这一眼正好和她期待的目光碰到了一起。我忍不住笑了，因为她的脸上化了一个艳丽“妆”，眼皮是紫色的，嘴唇鲜红，最重要的是颜色都超出了眼睛和嘴的范围。

芷芊显然是期待着我的夸奖，我笑着说：“你化妆了吧，真漂亮啊！”她听完我说的话，显得有点害羞但又有一点得意。我的话音刚落，又进来了两个她们班的小姑娘，脸上也化了妆，和芷芊的上妆效果一模一样。我忍住了笑声，同样夸奖了她们。就这样，三个小女孩带着满意的表情，走出了我的办公室。我看到她们又进了隔壁办公室，意图很明显，是奔着夸奖去的。这是孩子们最典型的审美敏感期。

孩子到了4岁左右，开始对美有了意识。这个对美的意识是指有意识地去观察美的事物。其实，孩子3岁多的时候就开始有了对美的认识的苗头，他们对事物的完整性的追求很明显，比如一片完整的面包、一个完整的苹果、一套完整的玩具……因为不完整就不符合他们的意愿。在他们的眼里，完整是事物本来的样子，因而完整是美的。他们不但觉得世界上的一切事物都应该首先符合这一完整即是美的标准，同时，他们也会去尝试美的感觉，化妆这件事情就是从这个时期开始的。孩子在这个时期对美的认识是一种对美的感觉的认识，它没有成人意义上美的内容，只是有美的感受。孩子有一种美的存在，但是不明白美的具体表现，例如知道化妆是美的，却不知道美的具体样子，所以就算她们涂着紫色的眼皮，也会觉得自己很美，因为她们为美化自己做了一件事情。

从认识事物的完整性开始，一直到对美的体验和实践，孩子对美的追求就一步步开始了：完整是美的、秩序是美的、一枝花是美的、一个动作是美的、一句话是美的……这些对美的认识开始走向越来越精细的方向，也走向越来越有精神高度的审美方向。这就好像预科班的一个孩子说："这束花美得我都想和她结婚了。"这个时候孩子会把自己投身于美当中，他们是美的组成部分，而不是作为一个旁观者去欣赏美。因为儿童是在建构美的意识，形成自己美的灵魂，所以对儿童来讲，审美不是一件事情，不是简单的感受，而是一种对美的认识的建构。这个认知同时还是儿童对自我内在感觉的认知。

这一切最初都来自儿童的感觉。感觉上的美来自愉悦的感受，是一种无法用语言来描述和表达的感受。孩子只是感觉到很好看，这是一种精神上的愉悦，这种愉悦的感受让他们对美有了向往，他们体验着美，建构着自己对美的认识。这个时期审美和美在他们的感受中是一回事，还不能够把这两个概念分离开。

因而，我们所提供的审美教育，就是让孩子处在美的环境中去感受，从而认识美的事物，最终建构起对美的认知，也就是审美。在孩子成长的环境中，音乐、美术、环境装饰、生活中使用的物品、成人身上美的气息（内在和外在的），都成为孩子认识美的重要元素。儿童会将环境中所有的美的元素都吸收到自己的生命中，从而建构出自己对美的认知能力。

审美能力的发展

一年夏天，我带着学生在美国得克萨斯州游学。我们乘坐的中巴行驶在达拉斯到天普的高速公路上。黄昏时分，湛蓝的天空开始变成粉蓝色，接着，一抹一抹的粉色开始布满整个天空，然后天空越来越暗，粉色悄然退去，天空变成了橘红色。随车的成人都被这样的景色吸引了，我大声喊道："孩子们快看，天空多么美啊！"这时只有两个15岁的女孩很高兴地看着外面，其他的孩子都好像没有听见似的各自交流着自己的话题。我对城城（11岁）说："你看看外面多好看呀！"他抬头看了一眼，像是在安慰我似的说："嗯，挺漂亮的。"接着他又和果果讨论他们的游戏了。车里，只有我和两个已经有了欣赏能力的女孩感叹着窗外变幻莫测的天空。

成人一定会想，孩子为什么对我们心目中那些美丽的景色如此无动于衷呢？

6岁以前的孩子，不能跳出美本身来欣赏美，因为他们是美的一部分，同时也是自然美的一部分，他们一直在用美的感觉来体验和认识美，他们本身就是美。随着孩子年龄的增长，他们的自我逐步形成。这个时候，他们曾经用美来认识美的体验，形成了他们的审美能力。审美不是用眼睛看，是通过自己所有的感知形成的，是通过自己建构出的审美能力来感受的，这个过程不再基于简单的感觉器官来完成，而是经由人们的心灵来完成。因此，黑格尔说："艺术美高于自然，因为艺术美是由心理产生和再生的美。"对于孩子来讲，他们早期和美无法分开，也就是说，自然美、艺术美在那个阶段是合二为一的。一旦孩子经过这个合一的过程，他们将对美的认识内化为自己的一部分，他们再看到自然美的时候，才可能经由心灵将这种跳入到眼睛中的自然美升华为一种有了人类精神的艺术之美。这种艺术之美不是艺术家独有的，而是每个有心灵的人都拥有的能力，这就是审美。

回到一开始的那个例子中，孩子们对自然景色的忽略是有其内在原因的，因为他们的审美能力并没有完全被建构起来，漫天的彩霞在他们眼里不过是个颜色而已，他们不会心生"夕阳无限好，只是近黄昏"的心理感叹。这个景色和他们的心灵世界没有达成共鸣，也就是说，这些孩子还没有对自然产生出这种审美需要，这是由他们的年龄决定的。

当孩子到了十五六岁的时候，他们的自我基本形成，开始清晰自己和自己、自己和他人、自己和世界的关系。这时，他们才开始带着自己已经建构起来的审美能力，去感知他们之外的自然世界。这个时期，自然景色就成了一种客观存在，个人和自然分开了，而这时每个人的心灵（自我）就会拥有属于自己的审美视角。

美育决定了道德水准

一个人拥有了审美能力，仅仅是为了看到美好的事物，或者仅仅是能对美的事物发出一些感叹吗？很显然，人的认识没有这么简单。蒙特梭利说，美育是德育的基础。这就是说，审美只是一个开始，在它之上有真正的意义——美育决定了道德水准。

教育中的美育是什么呢？蒙特梭利教育的美育建立在感觉教育的基础上。她认为，儿童对环境有一种天生的吸收性——他们可以把环境中所有的要素都吸收为自己心理的一部分。因而在教育中，成人需要给儿童提供美的环境。这个美的环境包括美的事物、美的人、美的氛围，以及高水准的道德审美。

在这样的环境中，最重要的是成人要容许孩子通过自己的感受去获得美的体验，从而形成自己的认知和心理。在这样的环境中成长的孩子，是能够对环境有意识、对美有感受的。成年之后，他们对美的认识将不再是凭着简单的感官去感受美，而是会经由内心产生出一种对美的理性认识。

这种理性认识会指导他们的行为，也就是他们选择做什么事情或者不做什么事情，是依靠内在理性认识去判断的，而不是靠外部约束来决定的。他们精细的内在使得他们有一种对道德的审美，换句话说，就是他的外在行为只是内心道德审美的一个对应的行动。

在现实生活中，这个行动具体是怎么体现的呢？如果你能够仔细观察生活，你会发现一个现象，环境脏乱差的地方，人们对美是没有什么认识的，相对应的是人们的素质水平、意识水平、道德水平也低，因此表现出来的行为是粗糙的、没有约束的。大量的统计数据显示，在这样的环境中，犯罪率也相对较高。

这也就是说，如果儿童生活在一个粗糙、暴力、混乱的环境中，那么他们会把这样的环境吸收到自己的生命里，对环境和他人没有太多的感受，道德的意识水平就会相对低下。

如果将一个受到良好美育的人放在粗糙的环境中时，他的感受是什么？首先，他的心理受不了这样的环境。因为美是由心而生的，对美的认识和审视是由心灵来完成的。这样的心灵是敏锐的，是有觉察力的，是不能随意被侵犯的。其次，这种感知让他不可能做出超出他心理感受的行为，所以他一定会远离这样的环境，而不是同流合污。

因此，如果家长和教育者能够认识并理解这个发展过程，那么就能明白在儿童成长的过程中，德育不是给孩子讲大道理、要求孩子做出什么承诺、控制孩子的行为。相反，我们应该为孩子提供一个有道德审美的教育环境，让他们自己去经历美、体验美，并借着这样的意识去行动。这样，一个有高道德水准的人就诞生了。

孩子的注意力怎么来?

一个11岁孩子的妈妈打电话告诉我，孩子上课坐不住，做事情也总是草草了事、三心二意，她看了孙瑞雪老师的《爱和自由》后，才发现孩子的成长出了问题。在和家长的沟通中，我发现这是一个家长普遍感到困惑的问题。

如果将儿童置于一个自由的环境中，并且能够提供儿童感兴趣的材料，他们就会将所有的热情与感知投入到这一工作上，反复地操作，乐此不疲。儿童因为本能的兴趣而被某些事物所吸引时，就是他们注意力形成的开始。

蒙特梭利说：“幼儿的注意不是由一个教师人为地保持的，而是由一个固定的引起注意的物体保持的。它好像符合某种内部冲动，一种明显的唯一引导其发育所需的东西的冲动。”比如玩水的活动，只要孩子充满兴趣，就会很高兴地去工作。如果这时我们不打扰他，也不限制他的时间，儿童就会重复地去玩、去探索。经过多次工作之后，他慢慢地掌握那些动作，同时将那些动作吸收并最终成为自己的一部分，即肉体化。随着儿童年龄的增长和活动的丰富，有目的的工作会取代那种基于原始冲动本能的兴趣，儿童从这些工作中逐渐获得注意力，也就是理智地将兴趣集中于某一项活动中，从而在自主的工作中获得一种满足和愉悦。此刻，儿童的注意力慢慢就形成了。

孩子玩水，家长觉得会弄湿衣服；玩沙，觉得不卫生；趴在地上观察蚂蚁，家长连想也不想就把他们抱起来。因为家长太“关心”孩子了，导致儿童的注意力被一点点地破坏。

当孩子不停地活动的时候，当孩子还出于本能兴趣做出选择的时候，我们不去打扰和干涉就是对他们的帮助。在这个过程中，儿童拥有自由活动的权利是个关键因素。因为只有在自由中，儿童才能够将自己的内在需求变成行动，我们只需要提供安全的、丰富的环境和材料。

因而，家长应该明白，孩子的注意力不是长大后形成的，而是在童年的成长中一点一点形成的。但注意力形成的前提是儿童的兴趣，所以保护儿童最初的兴趣是家长最应该注意的事情之一。

玩耍，就是儿童的工作

不知道家长还记不记得自己最后一次玩游戏（非电子游戏）是什么时候？2011年带夏令营的时候，我们要求孩子不可以玩电子游戏。因为这个规定，孩子和我们做了很长时间的斗争，原因是他们一旦离开电子游戏，根本不知道该怎么玩。

有一期《三联生活周刊》的封面标题是《玩，我们稀缺的精神资源》，这个题目让我思考了两个问题：第一，玩是一种精神活动，这个提法很精准；第二，就是稀缺。从什么时候开始，玩耍这件事突然就变得稀缺了呢？玩是这么自然的事情，怎么就离我们的生活越来越远了呢？

回到现实中，你确实可以发现，近30年来，父母一辈人童年的那些传统游戏真的是在消失中，尤其是在城市里，基本已经很少见。几乎没有孩子会玩“电报得救”“弹玻璃球”“打沙包”“跳皮筋”“踢毽子”“捉迷藏”“跳马”……但在这样的玩耍中，儿童的身体可以得到锻炼，团队意识受到训练，创造力得以发挥，快乐的情绪成为最好的精神营养！而这些对于童年的成长最重要的活动，在今天却逐渐销声匿迹了！

“90后”的童年，是动画片的童年；“00后”的童年，是绘本的童年。他们的主要活动就是使用视觉和听觉，而身体的运动能力在逐渐下降，与大自然的接触越来越少，城市的孩子接触土地的机会几乎完全被剥夺。20年前的幼儿园里，2岁半的孩子上下楼梯和上洗手间已经非常熟练了，但是现在2岁半的孩子能上幼儿园的越来越少，原因是他们身体的能力达不到上幼儿园的标准，身体智能的退化现象已经开始出现。快乐的童年就是身体和心灵都愉快发展的童年。童年的成长是身体的发展、感觉经验丰富的过程，而这些无一不是在玩耍中获得的。蒙特梭利说，活动是儿童真正人格的一部分。儿童的活动无时不在，正是因为这些活动，他们的人格被建构起来。

儿童的活动和成人的活动完全不同。成人的活动是有目的的，就算娱乐活动也是为了消遣而做的。但儿童不同，他们大部分的活动在成人看来都是毫无意义的，对儿童来讲却是对自我的建构。即使他们动动自己的手指头也是一种成长的必需活动，也就是说，儿童时期所有的活动都具有促进生命成长的意义。

其实，童年时期往往很难将游戏和活动区分清楚，所以玩耍不是娱乐和打发时间，儿童也从来不会打发时间，他们生命的每一刻都在建构中。从这个角度讲，如果成人不约束儿童，没有一个儿童会出现无聊的状态，他们每天乐此不疲地活动着，就像一个3岁多的小朋友说的：“我们特别辛苦，既要睡觉还要吃饭。”我想，时间对于这些孩子而言或许是不够用的，所以他们绝不会去浪费（无聊就是浪费）。儿童必须成为身体的主人，才可能使其身体得到充分的发展。这个需要发展的动力来自生命的内部，只要孩子能够获得自由，这种发展就会由内而外地发生，无须成人的引导。

玩耍缺失的原因很多，但我认为核心的问题在于我们如何对待儿童时期的成长。如果父母不了解自己正处在成长中的孩子，完全用对待成人的方式对待他，那么我们无疑会早早地将孩子带入属于成人的世界中，儿童对自身成长的主动性地位被取代，童年的意义也就会真的在某种意义上消失了。

学习仅仅凭兴趣吗？

游学的时候，我和孩子生活、学习在一起，于是有了许多观察他们的机会。

游学，顾名思义，不单是游历体验，重要的是悟出道理。

对于不同的学习内容，孩子的兴趣是不一样的：有的孩子喜欢军事，在博物馆就会把注意力都放在武器上；大部分女孩喜欢饰品，所以看到陈列柜里的簪子、镜子、玉镯等就会看了又看；有的孩子喜欢新、奇、特的物件，因为这些物件总是能引起大家的注意力；也有的孩子为了完成作业，选择看简单的、好记的、好写的藏品。

不管孩子喜欢什么样的展品，兴趣都只是他们学习的开始。

大家常说兴趣是最好的老师，兴趣也是探索的动力。但仅仅凭着兴趣是远远不够的，孩子的学习只会停留在表面，因为他们自己还没有形成深入探索和思考的能力。

所以，在我们游学期间，每天晚上回到酒店的整理才是真正的提升。白天在博物馆的学习是感觉的部分，孩子们通过听和看获得信息；晚上完成作业的过程是认知整合的过程，有了整合就会有提升，这样的学习才是完整的认知发展。

老师或者家长的任务就是帮助孩子将他们凭着兴趣获取的信息进行整理。

我们在游学手册里会对当天的学习内容进行逻辑框架的整理。老师在设计这个手册时，用什么样的逻辑思路是很重要的，因为这个设计思路对孩子最后产生什么样的认知，起到了决定性的作用。

“闻”是教育游学的核心，还是对人文精神的了解和学习，因而在历史学习中，不会将重点放在记忆上，而是将重点放在通过体验获得的思考上。

学生在感觉学习的基础上，通过完成老师留的作业来实现整合和深入思考。这个学习过程本身是学生自己的经历，老师会将学生的学习目标提前设计好，使他们能够按照自己的年龄、能力和兴趣去整合和完成自己的深入思考。

在这一期西安游学最后的总结中，孩子分享了自己的发现：历史是一个进步的过程；从史前文明到明清时期，生活越来越好；人们使用的物品越来越丰富，科技越来越发达，生活越来越精致，审美越来越高级……

这些发现虽然是从不同层面获得的，但思考的过程是一样的，对事物发展规律的发现也是一样的。

这个发现的过程是从主观的角度获得的客观认识，与此同时，也是孩子独立和个体状态的学习，他们可以按照自己的兴趣去进行选择，也拥有自己发现世界的权利。这些看起来是个体状态的认识，但在最后都会汇集到对真理认知的道路上，这对每一个参与其中的人（老师和学生）来说都是一个美妙的过程。

这样的认知发展就是我们常说的深入思考，它并不是仅仅靠兴趣就能完成的。从学生的角度看，他必须有这样的机会（自由）去完成感觉信息的收集；对教育者而言，他要有符合学生发展的教学思路和教学方法。当这两个部分都具备的时候，认知发展就会越来越深入。

儿童智能的形成蕴藏在生活之中

早上我和朋友聊天，我问："你心情怎么样？"她说："一般。"我说："失落、悲伤、绝望、平静、伤心……请准确说出你的心情。"当我提出这些概念后，她立刻说出了可以准确形容心情的词语。当她准确地描述出来之后，我们的交流变得清晰了，因为我们对自己内在的发生是清晰的，对自己内在是有认识的，交流也变得更加深入和有效。

其实，我们大多数人都会用"一般""挺好""还好""不错""不好"等词汇来形容自己的心情，但是我们的心情没有这么简单。这样的描述太简陋，因为它除了简单之外，还不够丰富。那么，我们对自己及他人的认识到底是怎么展开的呢？

一个人的心理发展是由简单到复杂的。儿童的心理感受开始只是一些原始的感觉，比如所有不舒适的感觉带给小婴儿的情绪都是哭。随着年龄的增长，孩子的心理感受一天天复杂起来，他们的情绪感受也跟着发展起来，简单的情绪已经不能够表达他们内心的感受，于是复杂的情绪感受越来越多。

幼儿园有个小朋友在走廊上摔倒了，他开始哭起来。老师去安慰他，他却变得很生气。我走过去问他："你摔痛了吗？"他生气地边哭边说："我摔倒了！"我一下子明白了，他不是因为痛，而是因为对摔倒产生了疑惑，而我们成人却围绕着摔痛了在做工作。我问他："你是因为自己摔倒而生气吗？你不知道为什么会摔倒是吗？"他平静了，然后点点头。

这个心理感受对孩子来讲有点复杂，但是他感觉到了，他的感觉也让我感觉到了儿童心理感受的发展和情绪表达的发展比我们想象的要复杂得多。这对儿童来讲，是个比较难的过程，而对成人来讲，理解这个过程也是有难度的。

那一天，这个孩子内心的感受让我明白了一件事：儿童很小的时候会因为摔倒而哭，我们的理解一般都是痛，所以会安慰孩子，觉得痛过了就好了。但这个理解是有偏差的，1岁多的孩子摔倒产生的痛感并不太大，他们哭的原因是他们不知道发生了什么，他们却不会这样表达，也不会表达自己的疑惑和因为身体姿态发生变化带来的害怕。

在后来的那几天，那个摔倒的孩子开始不停地练习摔倒这个动作，一边练习一边说："我摔倒了。"我看到他这样，就走过去问他：

“你是在想为什么会摔倒吗？”他想了想说：“为什么会摔倒？”我说：“有时候就是这样，我们会因为自己的动作或者因为地面的障碍等原因摔倒。”他没有再回复我，我想我说得太复杂了，依照他现有的认知水平，是没有办法一下子明白这些的。但他显然对这件事情开始了更加复杂的思索，这个思索的开始是一个人发展内在的契机，他开始经由事件来认识自己，并且在不断的练习中自我发展。

在这个例子里，我们可以看到一个孩子从感受到情绪、从情绪理解到对事件的认知这个完整的发展过程。也就是说，儿童通过经历一个事件，同时会发展他们的心理感受、情绪认知、心理认知和智能。所以，对小年龄段的孩子来讲，所有生活中的事情都是学习的过程。他们借助这些事件，发展出对自己、对他人的认知。这个认知中包括情绪认知、心理认知等。最后，这些认知的发展结果是形成儿童的智能。一个孩子经历了这些认知过程的发展，那么在成年之后，他们就会对自己、对他人、对环境有清晰而确定的认识，就像文章开始的例子，当他们和他人进行交流的时候，就会深入而丰富。

如果我们能够在孩子遇到问题的时候及时抓住时机，那么孩子的心理发展就会一步步地丰富起来。这种丰富的过程就是一个心理发展的过程，这种发展是一个生命趋向完整的发展过程。如果我们没有帮助到孩子发展心理，那么孩子的发展就会相对简单，在未来对自己以及对他人、对环境的认识和理解能力就会缺乏，因为他没有发展出可以理解这个复杂世界以及复杂心理的能力。

心理感觉的发展与自我表达能力

8岁的毛毛特别认真地吃着冰淇淋，简直是沉醉在美味中，因为她把冰淇淋的盘子都认真地舔干净了。我问毛毛："冰淇淋好吃吗？"她的眼睛笑成一条缝说："好吃！"我又问："好吃的感觉是什么样的？"她说："太好吃了。"我说："当你吃到这么好吃的冰淇淋时，你的心理感受是什么呢？"她说："就是好吃。"我没有继续往下问，因为我观察到毛毛有了一丝反感的情绪，其中一个原因是她想不出哪个词能表达自己的感觉，另一个原因是她不想离开那个好吃的感觉。如果老师观察到孩子有这种反应的时候，就要明白孩子能深入的程度就到这里了，我们需要按照孩子的节奏来进行教育，这样学习才能有效，学习才有意义。

老师要把握的学习时机是当儿童有感觉的时候，给儿童的感觉一个概念，这个概念是可以解释、总结、描述、深入表达这个感觉的。这时，儿童通过学习这个概念，他们的感觉也会上升到知觉上。同时，在这个从感觉到知觉再到概念的一系列过程中，儿童的思维逐渐形成了。

这个将感觉引向概念的过程是儿童形成思维的重要过程。儿童在会使用语言之前，凭着感觉器官获得了一些基础的感觉信息，但是这些信息无法在他们的大脑中形成某种分类。大脑里的这些信息，以一种形象存在着。等到孩子会说话的时候，成人就需要针对孩子的每一种感觉给一个对应的概念，比如一个孩子被热水烫了一下，成人告诉他："烫！"而当孩子知道这种感觉对应的语言是"烫"的时候，他对自己的感觉就有了认识。它不再是一种简单的感觉，而是清晰的认识。等这个孩子以后再遇到烫的感觉时，他不但知道这种感觉让自己不舒服，而且能够表达出来并理解这个事实。比如，家长说："饭很烫，等一会儿再吃。"他会理解，又因为理解而等待，这样交流就开始变得顺畅了。在这之后，他们也会将这一类和烫有关的感觉归类到一起，当他们发现某个东西有可能产生烫的感觉的时候，他们就会自我防范，不会再轻易尝试。这个过程的发展，就是由感觉到知觉、到语言、到逻辑、到行为的过程。最终，孩子在这个过程中学会了解决问题的方法，这就是智能。

到了像毛毛这个年龄段的时候，孩子的感觉已经发展得非常丰富了，这个时候需要的概念也越来越多、越来越丰富。因为如果一个人不借助概念来表达和对内在信息进行分类的话，他们的认知就不可能发展到苏联心理学家维果斯基所说的高级阶段。因为当童年接收到的感觉信息杂乱无章地贮存在大脑中，无法进行分类、分析和思考，那么对一个事物的认识也会处在点状思考而不是结构性思考，所以无法形成智能。就好像毛毛对冰淇淋的感觉只停留在简单的感觉层面上一样，她脸上有一种满足感，但是由于她掌握的语言（这个阶段的孩子学习到的词语对他们来讲也是概念的一部分）有限，所以这种呈现在脸上的心理情绪，她无法去清晰地感知，使这种情绪只停留在心理感觉的层面上，不能被自己清晰地认识到。假如毛毛能够表达出吃冰淇淋的感觉让她产生了一种满足感的话，她的心理发展就不一样了。她对自己有了新的认识——这种美味会让自己有心理上的满足感，当再遇到其他美味的时候，她会对这一类美味进行心理感受的归类，会认知到美味会让人产生满足感。她对自己的认知会因此而发展。

当这种感觉和概念的配对越来越丰富的时候，孩子的自我表达能力自然会提升。但是，感觉的达成需要时间和空间，它很缓慢，家长一般等不到结果，就直接给孩子一个结果或者情绪，那么儿童就丧失了自己发展的机会。就像许多成人说自己不会写作，但实际上不是不会写作，而是你首先没有产生那么多心理感觉，其次对自己内心世界的认识是模糊的，这种模糊让人无法清晰地去表达，最后才是不会用符号去表述。如果你有丰富的内心感受并且自己有清晰的认识，再加上写作技巧，就一定能写出好的文章来。而大多数人认为自己只是不会用符号去表述，却不知道忽略了前面的两步，没有找到问题真正的源头，自然就写不出什么文章了。

学习语文到底是为什么？

学习语文到底是为什么？如果说学习语文是为了工具性和人文性这两个方面，那么我们的语文教学就是一个最失败的教学。语言的工具性是我们这些年来学的最重要的一个方面，可是我们经常写不出好文章。另外一方面，人文性到底是什么？一篇文章带给学生的东西是什么？精神在每个作者、每个教师身上的体现都不同，学生如何能够领悟？作为教师，我们是否能够将人类的精神如实地、本质地传达给我们的学生？我们在讨论小学语文课的教学目标时，这也是经常困扰我们的问题。

有一次，我去听一堂四年级的语文课，学习的是《落花生》一课。当老师讲到我们要学习花生的“品质”时，一个学生立刻站起来说：

“老师，我不同意，一个人外面也美，内心也美难道不行吗？为什么只说一个人不应该注重外面呢？”

在我们学校的课堂上，学生的思维很活跃，老师总是会遇到这样或那样的提问或发言。对于这样的课堂来讲，除非你不让学生自己去感受、去思考，否则只按照教材的一般理解来讲，对学生的帮助是远远不够的。

中央电视台播放的玉树地震赈灾晚会上，有个一直工作在一线的藏族人说，看到解放军就像看到了他的心脏。很多人都被这句话打动了，因为他在用自己的心说话。他能表达自己，语言在他那里不是工具，甚至他根本就不能够使用我们所谓的语言工具，但他能够非常准确地表达他自己，而且表达得那么本质和纯然，而语言工具在那一刻已经毫无意义了。

九年级语文课本中，有一篇海伦·凯勒写的文章，其中提道：

我也喜欢划独木舟。我说我喜欢在月夜泛舟时，你们也许会哑然失笑。的确，我不可能看见月亮从松树后面爬上天空，悄悄地越过中天，为大地铺上一条闪光的道路，但我好像知道月光就在那里。当我累了，躺在垫子上，把手放进水中时，我仿佛看见了这照耀如同白昼的月光正在经过，我触摸到了她的衣裳。偶尔，一条大胆的小鱼从我手指间滑过，一棵睡莲含羞地亲吻我的手指。

谁能够理解一个盲人会有这样的感受？我在和儿子分享这篇课文时，他被感动了。感动我们的不是语言本身，不是修辞手法，不是写作特点，而是海伦·凯勒对生命的热爱和她对世界丰富的感受。

如果我们的学生在这篇文章中能够学到这些，他们以后就会写出好的文章，就会用语言、文字这样一个媒介去和人、和世界分享他们自己，去理解生命、热爱生命。当我们用心来表达的时候，人和人之间的沟通、分享会更真实而愉悦！

我想，学习语文真正的目的应该就是表达人类内心的精神世界，而这种表达是为了分享、沟通。

3

第 三 章

爱和自由

爱，就是等待

爱就是等待！尽管等待的时间对我们来讲有些难以承受，然而时间就是这样，有时候它是客观的，有时候它是主观的，是需要我们认识、经历和感受的。但是，我们往往会发现自己很难去等待，总希望一切一蹴而就，就像我们希望孩子一夜之间长大一样，没有办法理解和明白儿童的生命成长为什么那么缓慢。

蒙特梭利说，成人不是儿童的延续。成人已经走过了儿童的阶段，所以用成人模式去看待孩子的成长，真的就是那句“牵着蜗牛去散步”的过程。就像一个蹒跚学步的孩子，他离开你的怀抱，跌跌撞撞地扑向前方时，你必须等待。这个等待就是给他学会自己走路的机会，而不是由你来替代。万事万物的发生都有它的规律，不由我们的想法和头脑来控制。

儿童的成长过程，是有自然法则的。蒙特梭利说，儿童成长依靠的是自己与生俱来的精神胚胎，而不是来自外部某个人、某个事物的推动。因而，这个精神胚胎的成熟在需要养分的同时，也必须具备时间这个要素。

时间这个概念，成人和儿童的认识模式是不同的。成人对于儿童的成长有已知的要求和期待，而对于儿童来讲，经历每一天就是成长，这个经历必须由他自己来完成。他要一天一天地度过每一个重要的时刻，直到他完全地认识自己，走完属于自己的成长之路。他们所经历的必须是一个身体力行的过程。如果你真的爱孩子，那么就要允许孩子自己去经历自己的时间，而不是由你替代他完成。对于成长而言，欲速则不达。《拔苗助长》的故事，也正是因为认识到了成长的自然规律，所以才有警示作用。

孩子从会吃手、会走路，到认识自己、发现自己、发现他人、理解自己和他人……这样一个漫长的成长过程，怎么可能不一点点地由时间来完成呢？正如你不能要求一个刚成年的少女就当妈妈一样，你也不能要求一个成长中的儿童跟上成人的脚步。所以，爱就是放慢我们自己的脚步，放下我们的要求，按照孩子的节奏来成长并生活。我们能做的就是安心地等待每一个成长的蜕变。

爱是等待，不仅是说我们要让时间自然而然地过去，而且我们自己也要明白，我们的孩子需要有自己成长的机会。当陪伴着我的孩子走过20年之后，我会经常反省自己，这个生命是按照自己的特征成长起来的，还是按照我的期待和要求成长起来的。当然，当我思考这些的时候，时间已经无情地过去了。一切变成了命运，孩子的命运和我的命运。所以时间是个非常客观的现实，不容我们有丝毫怠慢。对于时间、对于成长，最好的方法就是放下过去和未来，认真过好每一个当下！

孩子为什么需要爱和陪伴？

网上有段视频，一个妈妈把孩子的糖果吃了，孩子很伤心。妈妈问："有什么我可以补偿你？"孩子回答："那你多花点时间陪陪我。"

听到孩子说出这个要求时，我心里一下子特别感动。是呀，这就是孩子的愿望，简单而真实。如果妈妈容许孩子按照自己的意愿提出对妈妈的要求，大部分5岁以下的孩子估计都会说："你陪着我！"

陪伴，看似一个简单的行为，但对孩子的成长来讲却是一个核心的需求。幼儿园有个美国来的小朋友，我跟他妈妈聊天时，问到她怎么看待工作和在家带孩子这两件事情的冲突。她说："我的一生中可以用来工作的时间很长，但是孩子成长就那么有限的几年，我愿意陪伴孩子，这是非常值得的！”我想她的说法是有道理的。

孩子从出生开始，借着与父母（尤其是母亲）的关系来适应这个新世界。虽然他们不知道这种交流与回应是什么，但是他们在心里有一种潜在的意识，他们需要这样的情感支持来让自己的心理成长。就像他们天生会寻找母亲的乳头让自己活下来一样，这是一种本能。这种本能不但使得他们必须与人产生连接以及非语言的交流，同时也是他们成长的能量源。他们不可能完全经由自己去完成这个成长过程，必须通过与母亲的互动来完成。这种互动就是爱。小年龄段的孩子在母亲的陪伴中获得了成长的能量——爱。婴儿对母爱的感受是从母亲的陪伴开始的，母亲的乳汁、母亲的抚摸、母亲柔软的身体、母亲对孩子的表达都会让孩子感觉到母爱。

对母爱的需求是动物的天性，这可以从美国的经典实验里看出来。

实验者将幼猴养在一个有两个“母亲”的笼子里，一个“母亲”是金属身体，另一个是柔软的绒布身体，但在金属身体的“母亲”身上有个橡皮奶头可以吃奶。观察者发现，幼猴总是抱着绒布“母亲”的身体，然后把头伸到金属“母亲”那里去吃奶。而且当实验室出现一些让幼猴感到不安全的事情时，它就会立刻抱着绒布“母亲”。

在这个实验中，我们可以看出幼猴对温暖怀抱（母爱）的需求超过了对食物的需要。

对于人类的孩子来说，在幼年时期，对于爱的需求也是占第一位的。他们强烈地需要母亲的爱和陪伴，把爱和陪伴理解成等同的关系。

蒙特梭利说：“爱是宇宙间最强大的力量，每一个人的内部都是具有爱的这种力量的。爱不是赋予环境的，而是赋予人类的。如果人类如其志向所引导的那样，希望到达全人类的拯救和团结，就必须艰难而谨慎地遵循这条途径。”这就是爱的途径。爱是我们唯一拥有的能力，爱孩子就是将这种能力传承下去。

爱是两个生命的相遇

幼儿园放学后，我负责陪伴一个还没被接走的孩子。当我抱着一个小女孩走出二楼的音乐教室时，天已经黑了，原本还笑嘻嘻的孩子忽然用哭腔说："我想妈妈。"她并没有对着我说的意思，只是忽然陷入了害怕的情绪中，于是我对她说："天黑了你有点害怕是吗？"孩子立刻点了点头，她的感受在那一刻被认可了，这让她一下子平静了许多。我说："不要担心，老师会陪着你的。"她马上又说："妈妈在路上，正在塞车。"我知道这是孩子安慰自己的理由，因为孩子的情绪忽然又进入了焦虑中。我没有回应她，只是更紧地抱住了她。孩子好像感受到了我的表达，也抱紧了我的脖子。我们的感受就像是一个安静的闪电，有一种心照不宣的默契和连接。

过了不久，孩子的阿姨来接她了。看到阿姨的那一刻，孩子有点失望，因为她急切盼望的人是妈妈。于是我抱起孩子，愉快地跑着上楼去拿鞋。就在我抱着她跑起来的时候，她忽然高兴起来，并且用眼睛看着我，好像感觉到了一种能量的传递。就在这个瞬间她感受到了我，我也又一次感觉到了和孩子的连接，而这一次不再是安静的闪电，而是一道火光，顷刻点燃了我们，使我们两个人都特别高兴。我就这样抱着她一口气跑到楼上，又跑了下来，我们之间都享受到了一种爱的能量。那是爱的能量的共振，不是谁给予谁的，是因爱而产生的能量的流动。

蒙特梭利说，儿童是爱的源泉；美国心理学家埃里克森说，母爱唤醒了儿童的爱。我们对爱的理解往往停留在头脑里，很少能落实在行动中。在和孩子的相处中，爱是对孩子的理解，爱是对孩子的正确认识，爱是对孩子的耐心。和孩子相处的每一天，我们和孩子的感受无数次碰触，只要我们能够停下来，就能够和他们产生连接。爱在那一刻自然地流动，爱不再是向孩子的给予，而是两个生命的相遇！

经验了爱，才能实践爱

我时常问我的孩子，你知道妈妈有多爱你吗？他总是笑而不答，流露出一脸的满足。这时，我的内心也充满了满足感。我知道，他体验着我的爱。我在努力用我的新认识——爱，我在努力地放下我的旧经验——控制。

但对大多数的成年人来讲，由于我们生命经验里没有爱的体验，我们的爱总是很容易从头脑出发。我们心中的爱总是为孩子的未来考虑，为孩子的前途考虑，于是我们让孩子在我们的控制下为未来而活。我们很少思考，甚至可能都没有思考过，孩子的未来是由当下的幸福决定的。当我们总以未来为由头，用对未来的担忧和设想来牵制孩子的话，随着孩子一天天长大，他们将忘记为现在而活，也可以说他们根本就不会为当下而活。他们的思维模式已经被固定住了，成了思维的奴隶，丢失了所有对当下的感受。渐渐地，他们就成了我们，他们的孩子成了他们，复制由此开始并周而复始地循环下去。这样教育孩子不是我们学习来的，而是我们的成长经验。我们有太多教育孩子的经验了，我们用我们的生命经验了所有的过程，然后我们把这个过程自然地用在我们的孩子身上，人人都觉得这是一件顺理成章的事情。

由于我们的爱发自头脑，当孩子遵循他自己的方式而不是我们认为的方式时，我们的头脑里经常会发出危险的信号：这样是不对的，这样是不好的，这样是不行的，这样别人会对我们有看法，这样老师不喜欢，等等。于是我们完全忽略了孩子的感受，毫不犹豫地对孩子加以说教或制止。每一天，我们就在这样的困惑和矛盾中教育着我们的孩子，爱着我们的孩子。你能说这不是爱吗？不能，谁也不能说这不是爱。我们是这世界上最爱自己孩子的人。但是，我们、我们的父母、我们的孩子接收到这份爱了吗？我敢说，大部分人都觉得没有感受到父母的爱。

我们的爱是头脑思考的结果。我们只能在大脑的层面认识爱，这时的爱只是一个概念，一个我们非常熟悉但无从感受的概念。幼儿园有个小朋友说："我妈妈用嘴爱我。"我听过以后又惊喜又悲哀。我为孩子的本真和智慧而喜，因为孩子发现了妈妈是用话来爱她，而没有真正爱的情感流动。同时，我又为成人的无爱而悲。当然最可悲的是，可能我们根本就不知道我们没有爱的能力。

我在和孩子的相处中感受着爱，学习着爱。我知道，如果我的生命中没有这些孩子，可能我永远无法去经验真正的、纯粹的爱。

幼儿园有个孩子一直不和老师说话，并且很害怕和成人交往，甚至和小朋友的交往也有些困难。因为在她以前的成长过程中，她的经验是成人是不可靠的，尤其是幼儿园的老师。在她刚入园的时候，我就不断尝试与她交流。刚开始她看到我向她打招呼时，总是躲到一边，显然有些怕我。我没有放弃，因为如果想改变孩子对成人的恐惧，就必须让她产生新的经验。从她入园起，我一直坚持对她表达我的爱："你有些怕我是吗？""老师很喜欢你！""如果你不喜欢我可以对我说'我不喜欢你'。""我觉得你今天特别快乐，我想和你做朋友。"……我用我的语言、我的心理能量、我的眼睛、我的行为语言——爱，一如既往地向她表达着。

半年过去了，我发现孩子在身体上已经不再害怕了，她虽然不理我，但是也不躲着我了。在和她妈妈的交流中得知，孩子回到家里会提起幼儿园发生的事情，也会提起我对她说过的话。在这个过程中，孩子开始和班里的小朋友交往，并且在玩耍时特别地快乐和放松。终于在快一年的时候，这个孩子和班里的两个小伙伴来我的办公室玩了。她一进办公室就和我说她的作品，说话的时候就好像我们从来没有陌生过似的，一切都很自然，也很放松。我高兴地、声情并茂地说道："我的爱终于打动了你的芳心。"她刚开始还有些不明白，但很快就知道了我的意思，于是也笑了起来。那一刻她接受了我的爱，我明白了她的心。我知道，在她的世界里一定有了一个新经验：幼儿园老师是真心爱她的，不是所有的成人都会伤害孩子。

许多家长把自己的行为解释成爱，但是孩子没有办法感受到，因为被解释的爱不是真正的爱。所以，如果家长和孩子之间想要有爱的情感流动，就必须用心灵和孩子沟通。心灵的语言本身就是爱，这种爱的情感，孩子瞬间就能感受到。当孩子一直生活在这样的情感氛围中时，他们的生命便有了爱的能力。

我们经验了爱，才可能实践爱。我时常告诉家长，如果你的生命是自由的，你就知道如何给你的孩子自由，因为你本身就在体验自由；你的生命是有爱的，你就会将爱付诸行动，因为你本身就在体验爱。你处在这样的状态之中，面对孩子的问题就不需要一味地用头脑去想，是应该自由还是规则，是爱还是娇惯。因为最好的教育就是为孩子呈现良好的生命状态环境，让孩子将生命的本质自然地呈现，而不是将我们头脑中的某个概念变成一个办法，在我们的孩子身上尝试。

爱，让我走进了孩子的心里

一个家长在和孙瑞雪老师交流，她的孩子在旁边不停地打扰她，于是我就将孩子带到户外和他玩。他很喜欢捉迷藏的游戏，我们就一起玩起来。当我不断地被他一次又一次地找到时，他开心极了。随着我们对游戏活动的投入程度加深，他的情绪也越来越激动，身体开始慢慢地放松下来。就在他跑着要躲起来的时候，他突然摔倒了，我立刻跑过去把他抱起来。就是这么一个简单的游戏，使我和孩子之间的情感之门瞬间打开。所以，当我抱起孩子的时候，他放松地哇哇大哭。我把孩子抱到他妈妈面前，妈妈没有接过孩子，只是不断地说："你别哭了，老师不是故意的，摔倒了，没关系。"就在妈妈说出这些话的时候，孩子和我都好像瞬间被拒于千里之外，孩子的哭声里明显有了委屈。

美国家庭教育专家惠芙乐在《倾听孩子》一书中讲道：“快活地大笑之后，孩子会感到父母对自己的爱，感到安全。此时，他会自动地用某种方式袒露自己内心深处的郁结。”也就是说，孩子在愉快的活动之后，会因为一点小事大发雷霆，而这种发作正好是个疗愈的过程。痛快地哭一场，就会让孩子释放掉那些在成长过程中遇到的因恐惧而形成的负向情绪，就好像帮助孩子甩掉了一个情绪包袱。显然，这个妈妈错失了良机。

我抱着孩子再次走到户外，缓缓地对他说：“有的时候别人不理解我们，老师知道你现在需要安慰，老师会陪着你，你就哭一会儿吧！”就在说出这些话的当下，我感到似乎不是在跟孩子说话，而是在和我自己说话，孩子的感受和我的感受好像同频了。我一边踱步一边轻轻地拍着他，用我的手和我的拥抱告诉他：“我爱你，你很安全！”很快，他就平静下来了。

在和孩子的连接中，头脑和知识起不到任何作用。这是一次愉快的倾听，在这个过程中，没有技巧，只有时机；没有方法，无关经验，唯有爱！因为只有爱，才能让我们走进孩子的心里！

爱的礼物

关于圣诞老人的由来，有一种说法是：圣诞老人以一位神秘人物的身份带给小孩子礼物的概念衍生自圣尼古拉。尼古拉是一位生活在4世纪小亚细亚的主教，他将自己丰富的财产全部捐给了贫苦可怜的人，自己则出家布道。他一生中做了许多慈善工作，最喜欢在暗中帮助穷人。“圣诞老人”后来成为他的别号，这个名字出自他暗中送钱帮助三个女孩的故事。

我们先抛开宗教文化问题，去看看一个给小朋友送礼物的圣诞老人到底给孩子们带来了什么。

身边总有一些家长在孩子8岁以前，悄悄探听孩子想要的东西，然后在圣诞节那天以圣诞老人的名义送到孩子手中。而那些孩子在得到礼物后，那份喜出望外的快乐，会使孩子对生活充满信任；对未来充满信心的同时，他们也深切地体验到幸福感，这就是惊喜的力量。在那种情境中，我想家长们看到孩子获得礼物时的快乐，自己心中也会充满了满足感吧！因为在这个惊喜的时刻，有比那份礼物更有意义的事情，那就是我们对孩子的爱。而孩子在这份礼物中，获得的心理感受远远高于礼物本身！

对于圣诞老人是否存在，我们不必去深究。8岁以后的孩子都会慢慢地知道，圣诞老人就是自己的爸爸妈妈。对于他们来讲，生命中经历了那收到礼物的美好的感受，就是最大的礼物，他们会在这个礼物中感受到爱，并会用行动去传承爱。仪式也好，习俗也罢，都不过是外在的表现，而它所传递的对生命的信任和责任，才是真正可贵的。

爱孩子就给孩子高质量的陪伴

什么是陪伴？

一天，奶奶接孩子回家的路上，孩子发问："为什么这么快雨就停了呢？"奶奶没有回应孩子，只是在和其他人打招呼，似乎没有听到孩子的话。孩子虽然一直和奶奶牵着手，但这不是陪伴。

在站台候车，等待动车到来期间，一个孩子使劲指着轨道，想要去探索。妈妈出于安全考虑，一直拽着孩子，但是她什么话都不说。她不知道孩子为什么要指着轨道，也完全没有顾及孩子这时的内在认知需求。显然，这位家长扼杀了孩子发展认知的机会。这不是陪伴。

火车上，孩子在摸爬滚打，妈妈在玩手机，不理孩子，直到孩子说需要上洗手间，她才放下手机。也就是说，这个孩子已经能够捕捉到家长的心理，只有提出上厕所这样的需求，妈妈才会回应。这个过程里也没有陪伴。

陪伴决定孩子未来的智慧

带学生在苏州游学时，讲到“素质”问题，我问学生如果10分是满分，给自己打几分。有个孩子给自己打了4分，自我评价低，自己觉得是因为学习成绩差。

我问：“你愿不愿意为你剩下的6分去努力？”

孩子说：“愿意。”

我说：“是的，你对自己应该有积极的意识。学习成绩不好，并不能证明你是一个素质低的孩子。”其他同学听到我这样说，纷纷说起了他的优点，如做值日快、体育好等。他听到同学们对他的夸奖之后，刚开始有点不好意思，后来经过大家一致的举例说明之后，也感觉到了自己的优点。

经过这一讨论之后，我说：“那就去努力吧。坚持不下去的时候，想想这几天和老师相处的经历，想想今天你和老师说过的话，想想同学对你的认可和赞美。”学生感知到了支持和陪伴。这样良好的沟通和交流能够给予他人信心。也就是说，这样的陪伴让孩子感到自己被支持，这种支持可以让孩子的注意力回到自我发展上。

研究表明，从婴儿期到6岁，如果孩子发出的信息没有得到回应的话，会对他们的未来产生消极影响。这个消极的影响就是孩子不再有积极去探究的动力。3～4岁，孩子会不停地问为什么，家长此时需要做出回应，这就是一种陪伴。

良好的情感回应决定着孩子的情商高低

孩子哭，家长一定要知道他哭的原因，而不是不理不睬或者严厉制止。如果你对孩子的情绪置之不理，孩子就不知道如何对待自己的情绪，从而影响情绪的发展；如果你指责孩子或者让孩子的情绪戛然而止的话，孩子的情绪就会打结、冻住，这样就形成了心理问题。

我带学生在苏州评弹博物馆看表演的时候，有个学生因为没有状元椅（古代状元陪皇帝观看评弹坐过的椅子）坐，就一屁股坐到了桌子上。在被我提醒后，他就有了情绪，自己气呼呼地坐到角落里。我很清楚地观察到了他的情绪，于是我当着所有同学的面对他说："老师刚才那样提醒你，让你尴尬了对不对？老师向你道歉，对不起！"几分钟后，他回到了同学中间，情绪也调整了。

假如我只是指出他的行为问题，而不对他的情绪做回应的话，他就会被那个尴尬的情绪笼罩，在情绪里出不来。同时，他也不会意识到自己的行为有问题，当然就无法改变自己的行为了。这个年龄段的孩子，最好的陪伴就是去帮助他们觉察自己，而不是直接指责他们的行为。

在日常生活中，孩子的情绪总是起伏不定，但是家长要明白，不论孩子出现什么样的情绪都需要成人的回应。如果你回应了，孩子就会对自己的情绪有认知和发展。因此，你的回应不但可以使孩子从情绪中走出来，而且能够使孩子感受到你的爱，这就是最高质量的陪伴。

懂得孩子才是真正的爱

在中世纪的欧洲，儿童从婴儿时期起就被看作一个发育完成了的微型人，这种看法被称作“预成说”。那个时候，人们从不关心人的年龄，因为反正大人、小孩都一样。在这种观点的影响下，儿童和成人混在一起游戏、生活、劳动、社交和竞争。这个时期对儿童来讲，无疑是一段最黑暗的时期。从其中可以看出，整个社会对儿童有什么样的认识，就会依照这种认识为儿童提供相应的成长环境和教育手段。所以，儿童的教育和成长，与社会对他们的理解和认识有着密切的关联。

随着社会的进步，人们对儿童的研究越来越成熟，对儿童的认识也越来越清晰。那么，我们是不是就真的了解孩子了呢？

偶然的一个早上，我从一个小区的幼儿园门口路过，见到很多去幼儿园的孩子和家长。有的孩子似乎还没有从睡梦中清醒过来，带着一脸的不知所措，在家长的拖拽中走着；有的孩子声嘶力竭地哭着、挣扎着不愿去幼儿园；有的孩子一脸的无奈，被家长匆忙地推进幼儿园的大门。

也许，这是一个再正常不过的早晨，家长们要开始忙碌的一天，孩子们要开始走向长大的一天。家长和孩子虽然在同一个空间，却像隔着万水千山。成人看不懂儿童的哭泣、儿童的挣扎、儿童的无助，或者说看见了这些表面的行为，但不能看懂这些表现后面儿童的心理。

很多时候，成人不能理解孩子，是因为成人从来不认识人类的童年时期，以及儿童和成人是两个世界的人。蒙特利梭认为："儿童不是像成人那样走向死亡，而是正在走向生活，他的工作就是要形成一个健全的人。到了成年时期，儿童的特征就消失了。"当儿童的特征消失后，我们便把我们的童年感觉忘记了。面对儿童，我们似乎只能用成人的角度去认识他们，儿童的情绪、儿童的行为、儿童对外部世界的一无所知都不被理解，成人总是会按照自己的标准去要求孩子，这和中世纪欧洲的"预成说"儿童观似乎没有太大的差别。

儿童的成长与所处的环境有着难以避免的依赖关系，他们必须依赖成人提供的环境才能长大。而成人能够提供的环境，取决于成人对儿童的认识程度。只有成人真的去认识儿童时期不同于成人的特殊性，儿童的成长才能够更加靠近他们的生命本质。爱孩子，就是去了解和认识他们，这是爱的一种行动，而不再是一句空话。

孩子的身体传递着什么信息？

在幼儿园工作的时候，我经常抱孩子。

有的孩子抱在怀里像根小棍子，身体硬邦邦的；

有的孩子抱起来像一根面条，毫无力气；

有的孩子身体始终和你保持着距离；

而有的孩子会温柔地靠在你的肩头。

从孩子们的身体姿态里，我们可以看出孩子们在成长的过程中，有些问题积压在他们的身体里了。

有些孩子因紧张而身体僵硬，有些孩子因恐惧而和人保持着他们认为安全的距离，有些孩子因为缺乏心理力量而显得柔弱。

这些身体语言，都给了我们认识孩子的机会。

在教育戏剧课上，一、二年级的学生最爱的活动就是和老师玩追逐的游戏。学生大约玩到十几分钟的时候，个个都处在兴奋当中，身体的所有细胞都在大笑，并开始提出上洗手间解手，这说明他们的身体在愉快的情绪和活动中开始放松了。

等他们再次开始游戏时，情绪和身体慢慢趋向于平静，开始对老师的指令、对同伴的反应、对周围的其他环境有了关注。

情绪和身体的放松，使孩子们能够回到自己的内在，开始内部的工作和发展。这种自我的回归，就是一种觉知的状态。

在有觉知的学习过程中，学生能够将老师给予的知识，通过自己的感觉和心理内化。经历这样的学习过程，学生学到的知识就不再是与自己无关的客观知识，而是经由自己领悟之后属于自己生命一部分的智能。

儿童从出生开始，首要认识和发展的就是自己的身体。从认识自己的手和口开始，一点一点认识自己的身体并使用自己的身体来认识外在的世界，这是儿童发展的基本所在。

孙瑞雪老师在《完整的成长》一书中写道：“生命真的不可以被禁锢！身体的自由是走向人的起始！自由使用和支配自己的身体，不仅能发展身体，同时也能发展儿童的情绪、感觉、心理、认知与精神。禁锢一个人，无疑是从身体的禁锢开始的。”

生命本身就应该是自由的，这个自由借由我们的身体来体现，与教育无关。因为生命就是生命本身！爱孩子，从让孩子的身体自由开始；从孩子的身体放松开始，让孩子的心理得到放松。

和孩子一起感受什么是自由

在讨论课上，我和孩子一起讨论什么是“自由”。他们的分享真是五花八门：“随便看电视就是自由。”“想吃什么就吃什么是自由。”“不写作业就是自由。”“玩游戏就是自由。”这些孩子是小学一到三年级的学生。从他们的分享中，我能够感到孩子日常的压力；从他们的表情和语气中，我能感到孩子有很多的不满。有个孩子说：“老师，你很无聊！”我认真地对他说：“你有认为老师无聊的自由！”大家都笑了！孩子们似乎对“自由”这个概念有了一些感觉。于是，我带着孩子们做了一个活动——用身体来表达你认为的自由。

一个男孩立刻躺倒在地，四肢非常放松地摊在地板上，然后又有点不好意思地说：“这就是自由。”我用眼神给予了他肯定。

一个小女孩拉起我的双手开始旋转，高兴地说：“老师，这就是自由！”

一个三年级的男孩对着空中挥舞着拳头，用宣泄的语气说：“这就是自由！”

一个小男孩冲着我开打，一言不发，我把他拥入怀中，他挣脱我的拥抱，和一个三年级的孩子对打起来。我急忙上前制止，但是他们无法控制自己的行为。于是，我要求他们打的时候不能碰到对方的身体，他们欣然接受，开始了愉快的打斗游戏。

当我走向一个三年级的女孩并问她什么是自由时，她怯生生地往后退。我用鼓励的眼神看着她，同时向她伸出双手。她害羞地接受了我的邀请，于是我们开始一起旋转，直到她的脸上出现了笑容。之后，她又邀请我和她一起旋转了两次。我知道，她的身体开始感受到了自由。

慢慢地，教室里的孩子开始放松了，他们愉快地表达着自己心里的自由。

一个好的课堂，方法是其次的，重要的是老师可以和孩子融为一体。一旦孩子感觉到了这种浑然一体的氛围，他们就会自动地打开自己的感觉系统去感受课堂的内容。

在这堂课上，我没有给孩子灌输概念，也没有对孩子的分享进行评判，而是让孩子通过我所持有的价值观去理解概念，并且通过活动去让孩子亲身感受概念。于是，自由这个抽象的概念就成了孩子自己经历的一部分。我相信，那天的孩子虽然还不能用语言来表达自由是什么，但是他们每个人肯定都产生了关于“自由”的真切感受。

如何给孩子讲道理？

课间休息时，10岁的天天拿着两个花瓶玩，无意间将小花瓶塞进了大花瓶里，怎么都拿不出来。老师告诉他毁坏公物是要赔偿的（因为两个花瓶都不能用了）。

当我看到他时，他正急着往出拔小花瓶，但是由于卡得很紧，怎么都拿不出来。我走过去问他需要帮助吗？他有些恼火地说："老师让我赔。"我安慰他："先不去想赔偿的事，我们可以先想有什么办法能取出小花瓶。"

于是我让他观察为什么取不出来，他发现是卡住的地方需要润滑。我继续引导他看看什么东西可以起到润滑作用，他想起了洗手液，我便鼓励他去尝试。

过了一会儿，天天哭着到办公室找我。他伤心地一边抹眼泪一边说：“老师，我已经给妈妈打电话了，她说会帮我赔上这些钱的。”

我让他坐在我身边，对他说：“你是无意中犯的这个错误，对吗？”

他点了点头，我又说：“无意中犯的错误，也应该承担责任，你能接受吗？”

他一边抽泣一边说：“我能接受。”

我见他还在不停地哭，就又问他：“那你现在是为了什么哭泣呢？”

他说：“我为我竟然会犯这样的错误而感到伤心。”

我立刻明白了他的意思。“你觉得自己不该犯这样的错误，是吗？”我轻轻地问他，他又使劲地点头。

我说：“上帝没有想造出完美的人来，所以每个人都会犯错误。但是，上帝给了我们一个极好的品质，那就是面对错误时的勇气。你今天是无意间犯了错，做了不该做的事情，你觉得呢？”

听完我的话，天天紧锁的眉头一下舒展了，抽动的肩膀也放松下来，眼泪虽然还在眼睛里，但是脸上泛出了一些喜悦。他点头说：“我知道了。”我又陪了他几分钟，他愉快地和同学们活动去了。

那天下午，天天回家时，刻意地找到我，轻松地说：“老师，再见！”

放下自己，才能看见孩子的需求

“六一”那天，在一个大型儿童拓展活动的器材上，有个3岁左右的小女孩颤颤巍巍地抓着保护绳，不敢向前走。她每一步都要下很大的决心，因为太害怕了。我忍不住向前走了几步，想安慰一下孩子。但这时在下面保护她的爸爸有点急了，说：“走，不怕，掉不下来。”我再看，她妈妈正热情洋溢地给她拍照，似乎完全没有感觉到她的恐惧（也许感觉到了，但是不在意），我无奈地看着……孩子在爸爸的催促下勉强向前跨了一步，由于不能很好地控制自己的身体，她显得手忙脚乱，于是停了下来，逃避似的看着其他的小朋友。片刻之后，这位爸爸又开始督促女儿继续走。

那天是孩子的节日，父母都想给孩子一个美好的礼物，这毋庸置疑。但是，我们看到孩子的需求了吗？我们想给孩子的是我们想要的，还是孩子想要的？我们的眼睛里究竟是否能看到孩子、看到孩子的需求呢？

那天，我有些悲伤。我悲伤的是，我们看不见孩子。不是眼睛这个视觉器官看不见，而是心灵无法看见我们的孩子。我们希望自己的孩子勇敢，但是不考虑孩子的年龄，不去看孩子的需求，不去研究孩子的勇敢到底是怎么形成的，我们就是一味地要求，按照我们的愿望使劲地鼓励。

那天，我觉得父母必须学习如何养育孩子，刻不容缓。就好像你做任何工作都需要一个证明你能胜任工作的上岗证一样，做父母也需要那个能证明能力的虚拟证书。在养育孩子的过程中，仅仅有爱是不够的，或者说我们除了有本能的爱之外，我们在心理上、精神上是否能并且会爱孩子，正是家长要学习的东西。

当我们对孩子有要求时，先停下来，觉察一下，这是我们自己的需要还是孩子的需要；当我们观察到儿童有情绪（恐惧、愤怒、悲伤等）时，先解决儿童的情绪，再处理事情本身，这时你会发现，一旦理解了儿童的情绪，事情本身就变得清晰和简单了；当我们对孩子不满意时，稍微停一停，看看那个不满意是孩子自身需要发展，还是我们对孩子有所期待，而那个期待是孩子根本无法达到的。

儿童的生命是有计划、有节奏、有过程的。这个过程是内在生命成长的过程，我们能做的就是观察和适时的帮助，扼杀和取代都是对生命成长的暴力。作为家长，我们应该学习创造环境来帮助儿童完成内在生命的成长计划。

终有一天，你会亲自体验到纪伯伦的那首诗——《孩子》：

你的儿女，其实不是你的儿女，

他们是生命对于自身渴望而诞生的孩子。

他们借助你来到这世界，却非因你而来，

他们在你身旁，却并不属于你。

你可以给予他们的是你的爱，却不是你的想法，

因为他们有自己的思想。

你可以庇护的是他们的身体，却不是他们的灵魂，

因为他们的灵魂属于明天，属于你做梦也无法到达的明天，

你可以拼尽全力，变得像他们一样，

却不要让他们变得和你一样，

因为生命不会后退，也不在过去停留。

你是弓，儿女是从你那里射出的箭。

弓箭手望着未来之路上的箭靶，

他用尽力气将你拉开，使他的箭射得又快又远。

怀着快乐的心情，在弓箭手的手中弯曲吧，

因为他爱一路飞翔的箭，也爱无比稳定的弓。

看见并尊重儿童的发展

一天，孩子上戏剧课的时候，感觉真是投入，使我情不自禁地走进教室。他们认真地在制作着自己的作品，同时还在相互交流着，气氛特别和谐。正是这种和谐吸引了我。

看着孩子忙碌着自己的工作，让我想起十几年前的一幕。那天，一年级的学生第一学期期末考试，当我走进课室的时候，他们一个个专注在自己的试卷中，那种投入的感觉，你甚至能从空气中嗅到一种正在“思考中”的气味。我一下子被感动了，孩子原来这么愿意学习，这么专注地思考，认知的脚步就在他们的手和笔之间，这完全超出我的想象。那一刻，我笃定了做老师的意义，那就是去看见每一个孩子，去看见他们的发展和努力。

好多成人认为孩子不爱学习，其实完全不是这样的。孩子们喜欢钻研，喜欢思考，喜欢探索，而且这一切都是天生的。只是成人从来不看孩子需要什么，对什么有兴趣，在他们学习遇到困难的时候怎么去帮助他们。

正好在同一天，凯凯和皓屹在情绪上有了冲突。我对皓屹说："凯凯需要包容和理解。因为他的情绪不是很稳定，所以需要大家一起来帮助他。"皓屹什么都没有说就认真地点头同意了。下午的时候，我对皓屹说："今天谢谢你！"他问我："为什么？"我说："因为你今天的包容，帮助了老师也帮助了其他同学，所以我要谢谢你。"他听完很平静地点了点头。在这样的过程中，两个孩子都有了成长。而在这些情绪被很好地照顾了之后，他们在课堂上就表现得特别认真和投入了。

对于家长或者老师来说，我们其实没有办法进到孩子的思维中，去督促和控制他发展。就好像老师在课堂上讲课，孩子的脑子里到底在想什么我们是没有办法控制的。因为孩子的发展是个内在的过程，我们根本没有办法从外部做工作。无论你是惩罚还是奖励，是诱导还是指责，都没有办法去干涉他内在的发展。这就是蒙特梭利说的，儿童靠精神胚胎的指导发展。精神胚胎就是孩子内在的发展蓝图，我们是没有办法去看到并控制它的，所以我们能做的就是帮助他们解决外面的问题，帮助他们走向内在的发展，同时给予孩子发展自己需要的情感动力。

孙瑞雪老师提出的"爱和自由"的意义就在这里。我们爱孩子，让孩子有力量去完成内在的蓝图，这种爱的力量就像生理成长需要的各种养料一样，是孩子心理成长的养料。如果没有这个营养，孩子没有办法去实现自己的蓝图，心理成长或者慢或者停滞下来。然而，生理部分的成长是没法停下来等待的，于是“巨婴”出现了。

自由意味着什么呢？那就是我们尊重孩子内在的精神胚胎，我们能够看见并尊重孩子做出的自我成长的选择。当孩子有了按照自己的蓝图去成长的自由之后，家长们应该明白一个道理，即每一个人从生命诞生的那一刻起就是自由的、独立的，而“父母”只是个角色或者关系，但父母不是孩子。因此，父母没有权利按照自己的愿望、期待、经验、想法、恐惧去塑造生命。如果塑造生命，那就是违背自然规律的行为，塑造者和被塑造者都不会拥有生命与生俱来的自由，更没法活出生命的意义。

这是个严肃的问题，应该值得我们在育儿的道路上三思而后行！

4

第四章

界限、纪律和规则

如何在自由中给孩子建立规则？

自由

当我们刚开始接触“自由”这个概念的时候，许多家长都认为，自由就是想做什么就做什么。

美国心理学家艾丽希·弗洛姆在《逃避自由》一书中对自由的概念表述为：自由是人存在的特征，而且其含义随人把自身作为一个独立和分离的存在物加以认识和理解的程度不同而有所变化。换言之，人的存在与自由自始便是密不可分的。

这就是说，自由和人的存在是等同的，因此每个人都是永远自由的。可以说，这是人的一种自然属性。

但当人以社会形式出现的时候，从社会行为的角度上讲，有些行为需要符合特定环境的要求。比如，在乘坐公交车时，你需要排队等待，在十字路口的红灯前你需要等待，等等。所以，这个时候，规则才会出现。在社会中，人们必须遵守一些公共的规则，而这些公共的规则是为了保证每一个人都有自由。

当一个新的生命诞生的时候，这个生命的自由就随之而来。一个独立的生命，一个自由的生命，这是大自然的造化。

因此，自由不是成人给儿童的，自由是每个生命的特质。生命的成长是一个自然的过程，在这个过程中，无论是身体还是精神的成长和发展，都是一个自然展现的过程。

蒙特梭利提出一个重要理论，即精神胚胎。她认为，生命在形成的一瞬间，在拥有生命胚胎的同时，也拥有了一个精神胚胎。就像生命的计划自然而然地实现，成为一个我们看到的人一样，精神的计划也在一步一步地实现着。生命的胚胎需要一个充满营养的环境，从而使一个受精的细胞逐渐地实体化为一个人的形状。这个过程的发生是自然而然的，这个计划是在事先就已经有了的。

人的精神成长也是这样一个过程。在这个过程中，我们需要给孩子一个环境，一个充满营养——“爱和自由”的环境。由于人的成长是一个自然的过程，那么在这个过程中，我们首先要保证孩子按照自己的精神胚胎的计划成长。因此，自由是一个人能够实现自己的前提，而只有拥有自由的独立意志，尤其是在成长过程中，儿童才可能展现自己。在教育中，我们说“自由就是活动，自由就是自己做自己的主人”。儿童从一出生，就开始了自我建构的工作。

他们会按照精神胚胎预设模式成长，用自己的器官探索和认识这个世界。这个工作无须成人安排，是儿童与生俱来的能力和需求。他们的每一个活动都是生命的发展，让他们展现和发展自己的生命就是自由的活动。

儿童如果不能够自由地活动、自由地与他所处的环境发生关系，他们的生命就会遭到根本性的破坏。蒙特梭利说："活动是真正人格的一部分，是无法被其他取代的。不能活动的人会受到根本存在的伤害，成为被人生所遗弃的人。"

所以，人对自由的需求就像对空气、阳光、食物的需求一样，是生命必不可少的元素。

规则

那么，"规则"是什么呢?

规则是人们共同制定的并且共同遵守的约定。这样的约定，能够让每一个人都拥有自己的权利，能够保证每一个人都是平等的。规则表明了所有人之间的一种界限。

我们知道，我们所处的外在世界是一个通过界限来界定的世界。比如，人在自己的家中时，房子的墙是你与其他人家的界限。当你在自己的房子里时，你是安全的，是可以行使自己的权利的。但是，一旦你离开自己的房子，你就离开了自己的界限，你不可能去支配他人的空间。如果你那么做了，就肯定会侵犯他人的界限。再比如，在马路上，机动车有机动车的行驶道，自行车有自行车的行驶道，行人有人行道，这样的界限划分能够让所有的车和人都安全地走在路上。

这些界限在现实的生活中，是通过一些具体的规则来实现的，比如法律、法规等。正是这样的规则，使得我们都可以按照自己的意愿过属于自己的生活，从而保证了我们每个人的独立性。

从心理学的范畴来讲，我们每个人都有自己的心理界限。比如，我们每个人的皮肤是自己的身体界限，它保护着我们的身体不受病菌侵入。同样，我们的心理也需要这样一层皮肤，来保护我们的心理不受侵害。而这种心理界限的形成，是一个循序渐进的过程。因而，在教育中，自由与规则绝不是一对矛盾，而是一种相互支持的关系。

幼儿园有个新入园的小朋友（4岁），因为在之前的幼儿园有过不愉快的入园经历，所以她特别害怕老师，早上妈妈送她入园时，她哭得很厉害。我走到她们身边对孩子说："阿姨带你进幼儿园。"那个孩子看了我一下，双手松开妈妈的脖子，投到我的怀抱，然后和妈妈说了再见，情绪平静了许多。我带着她到办公室，陪了她一会儿，她的情绪渐渐好起来，于是在办公室的沙发上走来走去，边走边说："我是警察阿姨。"说的时候还配了敬礼的动作。听到她说警察阿姨时，我忍不住笑了，在我的意识里似乎只有警察叔叔，这是第一次听到警察阿姨。她不停地走着，也不停地敬礼。慢慢地，孩子的心理力量回来了，对老师的恐惧和防御也一点点地放下。我在旁边一直陪着她，没有说话，只是笑着看她。我明白，她在用自己的方式来为自己做心理建设。

在爱和自由的幼儿园，新生入园有个规则：一个班一周只能进一名新生。新生入园之前，先由家长陪伴试园，熟悉幼儿园的环境和老师。正式入园后，有一个老师固定带着这名新生，老师走到哪里带到哪里（包括上洗手间），直到这个孩子熟悉了一日生活，在心理上有了初步的安全感和归属感。这种安全感和归属感就是儿童的心理皮肤。上面例子中的孩子在和幼儿园老师的相处中没有获得这样的安全感，她无法在心理上接受老师这个“可怕”的角色，所以她把自己想象成一名在自己的认知中最有力量的角色——警察。对一个孩子来讲，对新环境、陌生人、新事物，他都需要有个认识、接纳、适应的过程，这个过程是经由心理发生的。这个心理过程的建立就是心理皮肤形成的过程。

自由与规则

生命的自由如何得到保证呢？尤其是一个孩子在心理上如何保证能够按照自己的内在指引发展，而不是受到来自成人环境的强制和压迫呢？

首先要让所有成人知道的是，每一个生命都是独立的个体，每一个生命都有属于自己的心理范围，每一个生命都有权利按照自己的内在需求去发展和展现，每一个生命都有自我。而正是由于生命都是独立的，每个人都拥有属于自己的界限，规则才建立起来，保证每一个人的界限不受侵犯。

一次，预科班的老师告诉我，教室里放了一盒酸奶，一直没有人拿，老师问了好几次，小朋友都说不是自己的。酸奶就那样一直在教室里放着。三天后，酸奶坏了，但还是没有人认领，因为在幼儿园有个规则是“别人的东西不能拿”。这个规则的前提是“首先，自己的东西归自己所有，自己对自己的东西拥有绝对的支配权；其次，不是自己的东西都是别人的东西”，其中有了明确的“你的”“我的”这样一个界限的划分。

孩子们清晰地知道：酸奶不是我的，所以我对酸奶没有支配权。这个时候我们知道，对“别人的东西不能拿”这个规则，孩子们已经内化了。孩子们知道了什么东西是“你的”，什么东西是“我的”，他们的心里有了一个界限。

在幼儿园的教室里，孩子们工作的时候都会在工作毯上，我们的规则是：不可以踩别人的工作毯，不可以打扰别人的工作。这个规则的目的是保证孩子在工作的时候，有完全属于他的空间和时间。工作毯是他们的空间界限，这样就保证他的工作有一个完整的周期，从而保证他们拥有自发的自我教育的自由。

从这些规则中大家可以发现，在幼儿园的教育理念中，自由和规则并不像大家理解的那样是相互冲突的。你会发现，每一个规则都是为了保证孩子们获得更多的自由。

家庭中的自由与规则

许多家长都很关心孩子在家里的自由和规则要如何把握。我们的建议是，只要孩子不做伤害自己、伤害别人、伤害环境的事情，其他的都可以自由。

家是一个属于个体的环境，学校是一个公共的环境，所以家里制约自由的因素少，规则也少；而公共环境中，制约自由的因素多，规则也多。

有许多家长在接触了自由与规则这个理念后会面对一个问题：到底如何给孩子建立规则。其实，建立规则一定要根据孩子的具体情况而定，不能一概而论，所以我们常说规则是有弹性的。所谓的弹性，就是要和每个当下的情况结合起来看。例如，在幼儿园里，孩子们能够自由地进出办公室，所以办公室总是会出现一些关于规则的问题。

跳跳是个4岁的男孩，是办公室的常客，每次他进来时，都是对我们的一种考验。他会迅速拿起一个物品，然后在你还没有来得及说别人的东西不能拿的时候，他就已经放下这个又拿起了别的。办公室的老师总说：“别人的东西不能拿，你要经过别人的同意再拿。”我在观察了几次之后，发现这个孩子与环境、与人之间有着一种压抑和反抗的愤怒。所以，他不是不知道规则，而是在挑战成人，挑战的方式就是挑战规则。这个时候，如果我们只是一味地去给孩子建立规则是没有用的，而是必须帮助孩子解决他在违反规则时背后的心理和情绪。

在最后，我想和大家分享一个感受：当内心越自由，你能带给孩子的氛围就越自由；当我们的生命都有了属于自己的界限时，规则对我们来讲就不再是一种约束了。

规则，执行起来并不容易！

很多时候我们用头脑去做的努力很有可能只是冰山一角，真正影响我们行为的是深埋在心底的意识。

规则，对于很多接受了新教育理念的家长来讲，是一个非常重要又难以把握的话题。它难就难在我们不知道规则的底线到底在哪里。再往深入说，我们大部分家长在规则的意识上不清晰，所以总会处于要规则还是要自由这样的心理纠结中。而孩子总会在你的纠结当中去捕捉你犹豫不决的地方，所以好多家长在制定规则的时候就觉得怎么都说不过孩子。

那么，如何使你的孩子成为一个有规则意识的人呢？我们如何对孩子坚定地执行规则呢？如果我们仅仅明白了规则的概念就能将孩子教育好，那么事情就简单得多。

幼儿园所在的小区有一排鸡蛋花树，冬季树上没有叶子，幼儿园小朋友路过时，有的孩子会爬树玩。为此，有个家长咨询我：“老师，我的孩子能爬树玩吗？”我问她：“这些树种在这里的目的是什么？”她说：“是美化环境的。”说完，她忽然自己就明白了，这些树不能让孩子爬着玩。她又问：“那么，如果其他孩子在玩，我的孩子不是就没有自由了吗？”我问她：“你觉得你的孩子吃亏了，是吗？”她点了点头。

这是个典型的规则意识的问题。成人很多时候处理问题不是基于规则的意识，而是出于某种心态。在这种心态的背后，是没有规则可言的。所以，如果家长用规则来解读这个问题，本身是不可能做出正确行为的。

在生活中，你遇到的最大困难并不在于你不知道概念，而是你的意识里对规则到底是怎么认识的！

规则，简单地讲就是我们共同约定并遵守的一些事项，这个共同遵守的约定是可以保障所有人权益的。

在这里有两个重点：一个就是共同约定并且遵守，一个就是保障所有人的权益。

从这个概念上来看，没有任何难以理解的部分。但是在执行中，我们不是按照这些规则的显性要求做的，指挥我们的是内在的隐性规则。

显性的规则是对普遍大众来说比较明晰的，比如我们人人都知道走在马路上要遵守红绿灯的规则，我们要遵守上班、上学、约会不迟到的规则，或者我们要按时做某些事情等。

除此之外，我们的生活中还有一些隐性的规则。

成人和孩子、父母和儿女、老师和学生之间，就有一些隐性的规则，比如家里制定规则时大多都是成人在给孩子制定，但他自己并不遵守。这看起来是个显性规则，实际上有一个隐性规则——权威！

我曾经见到过学校在升旗仪式的时候，老师要求学生神情肃穆对国旗行注目礼，自己则在一旁交头接耳，旁若无人。

当你看到这些东西存在，你就会明白，显性的规则就是个形式而已，而实际上很多时候并不是显性的规则在制约着我们，对我们的行为有影响的是那些我们耳濡目染的隐性规则意识。

在一个家庭中，父母给孩子制定一堆规则，而自己高高地凌驾于规则之上，享有着无比的特权。家庭中只要存在这样一个隐性规则的话，孩子就会自然而然地学到。

不管你是怎么给孩子建立显性的规则，隐性的这个部分都会被孩子感知到、学习到。所以，一部分看似被显性的规则制约着，但实际上另外一部分就算从来没有提出过这个规则，孩子长大以后也会按照这个规则来办事。

隐性的规则会产生不平等、产生权威、产生两极化。而我们往往在这样的大背景下生活，或者我们自己的生命状态本身就没有这个真正互相遵守的规则意识。

在有真正规则的环境中长大的人，他的意识和行为都是有界限的，他的生命既要有自己的空间，同时也能够尊重他人的空间和界限，“我”“我们”和“世界”是同时存在的。没有这样的空间和界限意识，我们和他人的关系就会处在一种纠结和争夺中，导致在日常的规则执行中遇到很大的问题。

所以，在我们把这件事情的根源弄清楚以后，我们再来看规则怎么执行，到底要不要执行，执行到什么程度，需不需要有一些弹性，在什么样的年龄执行什么样的规则，有哪些具体的方法，等等。

在说这些的时候我们才可能在同一个频道上，而不是你有你的规则，我有我的规则；今天有规则，明天没有规则；父母给孩子制定规则，自己却没有办法执行，导致孩子觉得不公平。

一次，一个家长给我打电话，说孩子在超市里买了好多面包，问我该怎么办。这位家长和孩子约定好的规则是一周买一次面包，但是没有约定买多少钱的或者买多少个。我问那位家长："孩子违反约定了吗？"她说："没有。"我又问："那么，你觉得不合适的地方在哪里？"她马上说："因为我没有提前想清晰这个约定，但是显然孩子很清晰，我不让她买的时候，她就觉得不公平，因为我没有按照约定执行。"之后，我们都笑了，家长自嘲地说："孩子比我聪明多了。"

所以，关于规则的理论最后落到实践层面上，我们会逐渐发现：所谓的界限和规则不是说一定要制定什么、遵守什么，而是你生命本身的样子决定了你在规则的执行当中呈现的状态。

怎么理解“尊重环境”这个规则？

有一年夏令营，我们带着孩子在青海的草原上吃完新鲜的向日葵瓜子，看到当地人把壳顺手扔到草地上。孩子们告诉他们：“不可以随地扔垃圾。”但是当地人说：“这是牛羊的食物呀！”孩子们不信，就拿着壳跑到远处的羊群那里，把壳扔给羊吃。果真，羊儿吃得很带劲。我们像是得到了“容许令”似的，开始把瓜子壳、西瓜皮都扔到周围的草地上，当我们结束野餐时，羊群自然走到我们留下的“食物”边，津津有味地吃了起来。

回来的路上，家长们在讨论一个问题：之前给孩子建立的规则是“不可以随地扔垃圾”，可刚才的行为举止显然不符合这一规则，那么孩子回去之后会不会就随地扔垃圾了呢？

在这个疑惑中，有一个核心点，那就是环境。不可以随地扔垃圾的原因是要保护我们日常生活的环境。在草原上，向日葵的花盘、瓜子壳、西瓜皮是其他动物的食物，因而可以扔到地上，但是其他有害环境的垃圾必须带走。这样，我们给孩子建立的是既能够照顾环境，同时又对不同环境有认识和辨别能力的规则，不是机械、死板地执行规则。对于四五岁及以上的孩子来讲，他们已经具备了一定的感知和认识环境的能力。孩子在成长的过程中，是透过对环境的感知和认识来规范自己的行为，不是靠死记硬背规则练就的。

比如，一个六七岁的孩子在公共场合不会随意裸露自己的身体，这不是因为孩子完全理解了“尊重环境”这个规则，而是他们能够感受到在公共环境中裸露自己的身体是一种不文明的行为。这个对自己行为的判断来自他对环境的感受。他们之所以能够明白某个行为和某个环境有关系，是因为他们内在已经形成的对环境的感觉和对自身行为的理解，而不是靠我们对他们进行的说教。基于这个内在的能力，我们告诉孩子“尊重环境，保护环境”时，只是将一个外在的规则要求和他内在的认识能力配对的过程。他们能够在这个外在的规则中，将自己内在对环境感知并认识的能力确定下来。经过这样一次又一次的确定，他们会对自己的行为和外在环境有逐渐清晰、准确的把握。这时，他们不但有了规则的意识，也有了自己内在的心理界限。这个内在的心理界限让他们知道在什么环境中能做什么、不能做什么。这是一种自发的行为，而不是我们通过强制他们执行规则而形成的外在行为表现。“尊重环境，保护环境”这个规则在这时会成为孩子心理界限的一部分，他们会遵循这个界限去看待环境，我们可以说尊重环境这个外在的规则被内化了。

孩子的成长是个感觉、心理、情绪、认知共同发展的过程，也是一个自动发生的过程，重点在于我们给孩子提供了一个怎样的环境。换句话说，我们自己是如何感知环境和理解环境的。如果成人自身对所处的环境没有感知，不知道在什么环境中可以做什么、不可以做什么，那么孩子内在的对环境最初的感受就无法透过外在环境来确定。

因为孩子最初接触的环境是成人，所以如果成人对环境没有把握和认识能力的话，那么孩子内在的对环境认识的能力是无法透过与外在环境的规则配对和确定下来的。假如成人不能够清晰地感受到周围的环境，有时甚至会给孩子带来错误的理解和认识。一个普遍的现象是，成人经常带着孩子闯红灯、横穿马路，那么孩子一定就会这么理解我们所处的环境，等他们长大，遵守红绿灯的规则就只是一个来自外部的强制要求，而不是他们自发自律的行为。

为何孩子总抱怨“不公平”？

我们老师在文章中写到这样一个内容：两个小朋友做隔空对打的游戏，不碰到对方的身体，只是做对打的动作——一方做打的动作，一方做躲闪的动作，最后假装被打倒在地。

有一组小朋友，做躲闪动作的那个孩子怎么都不倒地，一直坚持着，另一个小朋友愤然地说：“老师，这样不公平！”

家长会发现，孩子在八九岁这个年龄段的时候，最爱说的就是“不公平”。所有的规则和活动到了他们的认识中，首先跳出来的判断就是“公平吗”。而教育戏剧是个团体性的课程，几乎所有的活动都是集体或者分组完成的，在这样的课堂当中就会特别容易激发孩子社会性认知中“公平”的发展。

社会认知是指我们对自己和他人作为有情感、有动机以及有目的主体的认识。[①]也就是说，儿童在群体中，如何看待、解决和理解个体与群体之间的关系。

到了儿童中期（六七岁到十一二岁）的孩子达到了在集体中参与活动的能力。一旦有了这个参与集体的能力，那么发展社会认知的需求自然就会凸显出来，所以每个孩子都会在群体中去寻找自己的位置。他们用各种各样的方式和方法寻找，包括积极地参与活动、在集体中刻意地表现自己的存在、发表自己的看法并希望得到重视等，这些行为都是儿童社会性发展的表现。

而在对群体的认识中，公平、公正是最基本的认识。然而，这个时期的儿童处在社会认知发展的过程当中，并没有发展完善，所以他们对公平、公正、规则这些概念的理解是简单、直接、纯粹的，是初始阶段的，甚至是一种心理感觉的需求。因为在群体中，只有公平才能使每个人都有存在感，只有公平才能使每个人在群体中找到属于自己的位置。如果不公平的话，就会“有你没我”或者“有我没你”。瑞士儿童心理学家皮亚杰的道德认知发展理论提出：“儿童在8～10岁这个阶段，从服从权威中走出来，开始意识到与同伴交往的社会关系，所以不再把规则看作一成不变的东西，而把它看成同伴共同约定的东西。如果所有的人都同意的话，规则是可以改变的。儿童不再按是否服从权威来判断行为的好坏，而是以是否公平来判断行为的好坏，认为公平的就是好的，不公平就是坏的。”

正是因为我们了解儿童处在这样一个发展的阶段中，所以在课堂

---

① 概念出自加拿大心理学家勒弗朗索瓦所著的《孩子们：儿童心理发展》一书。

上，为了帮助他们发展社会认知，老师在日常的课程中会首先做到尽可能避免不公平的事情发生。

比如做活动时，会让所有的孩子事先商量规则，如果是老师制定的规则，那么也是从公平的角度考虑的。孩子们在课堂中拥有的机会是均等的，同时他们也有机会参与到规则的制定中，是作为规则的制定者同时也是规则的执行者存在的。老师们会尽可能地在活动中避免出现规则上的不清晰，给孩子提供一个符合他们成长的环境。

除此之外，老师还要特别接纳儿童寻求公平的这种状态。

我在和老师们讨论课堂状况的时候问："如果你们遇到总是觉得不公平的孩子时会如何处理？"老师说："孩子们就是这样的状态，没问题！完全可以理解。"这让我感觉到她们的态度特别接纳。

我说："如果你接纳孩子，孩子会怎么样？"她们说："就是闹一会儿情绪，然后很快就会投入活动中。当然，如果真的是规则的不公平导致的，我们会马上调整。孩子只是在这件事情上特别敏感。只要接纳他，他就会觉得自己的意见和不满的情绪有一个地方能够宣泄出来、说出来。"

在课堂上，如果一个孩子能这样被接纳，那么他会将注意力放在对事物的理解、认知和发展上，而不是对抗环境和成人。在这样的成长环境中，孩子们可以逐渐地认识到什么是公平，什么是不公平，有没有绝对的公平，是大家都公平还是某些人公平等更加深入的价值观认知。发展本身是为了发展出对公平这个价值观的认知，这个过程是个心理的过程，不是简单的头脑上的认识。

随着孩子年龄的增长，认知能力的增强，他们就不再说公平的事情了。他们发现这世界上没有绝对公平的事情存在，在关系中，人们都有付出和获得，但是做到完全的对等是很难的。一旦他们理解了这一点，他们就会变得更加包容。其实所有事情都是这样的，一个人理解了某些事情，将这种认识和理解纳入他自己的认知结构中时，他就会发展出我们所说的包容心。

另外，我在课堂中经常看到，老师跟孩子之间的活动是以身作则的公平。

有一次在课堂上，老师在游戏中输了，所以就要接受一个惩罚。孩子们事先协商好的规则是输了就做20个仰卧起坐。当老师在竭尽全力地做仰卧起坐时，围观的孩子刚开始表现得都特别高兴，对孩子而言，这是一件值得高兴的事情，因为老师可以公平地接受惩罚！

但很快他们就发现老师完全没有负面情绪，也没有任何权威意识。一旦他们开始发现这一点，他们的笑声就变得轻松起来，不再是兴奋。这个变化是很微妙的，因为他们开始感觉到了那种公平的气氛。当老师做到最后并筋疲力尽的时候，孩子们感到老师也需要鼓励，他们开始给老师喊“加油”。在感觉上，他们和老师站在了一起，而不是前一个阶段中那种对立面的局面。

这整个过程，就是一个对公平这个概念学习和认识的心理过程。从刚开始对公平的外在感受上（老师也要和我们一样公平），他们逐渐亲自体验到了这种公平的真实发生，最后他们将这种对公平的认识上升到一种理解包容、和谐一致的氛围中。这就是对公平的认识，也是一个心理的认知过程。

孩子影响公共秩序，管还是不管？

一次我出差，在广州南站的候车大厅看到一个2岁左右的孩子在过道上爬来爬去地玩。因为总有人走动，所以偶尔家长会喊一两声让孩子回来，孩子并不理会，家长也就不再管了。我一直看着那个小女孩处在一种潜在的危险中，因为过往的人总是不停地穿梭，而孩子的家长却一点都没有意识到。

在任何一个公共场合中，我们经常会发现孩子当下的需求和环境之间的冲突。比如上面这个例子中的孩子，她对环境充满了好奇和探索的愿望，家长对这样的行为是制止还是放任呢？

首先，这么小的孩子应该在成人的陪伴下活动。这样可以保障他们活动的安全。这种安全保障不是限制，而是一种有效的帮助——在成人的陪伴下，在没有安全隐患的情况下去认识环境。

其次，在公共环境中，必须保证不能影响其他人的活动。因为公共环境是大家的，每个人都应该在满足自己需求的同时顾及他人的需求。只有这样，我们每个人在公共环境中才能做到平等相处，我们才会营造一个有序的环境。

每一个家长都应该知道的是：带着孩子出门时，一定要准备好能让孩子可以随时动手的材料，比如玩具、图书、绘画用的笔和纸。这些材料可以在孩子需要时随时提供，不会让孩子在等待中感到无聊。只要孩子有事可做，就一定会安静下来。

有时候，我们带孩子在公共环境中，会遇上孩子有情绪的情况。家长对此往往是又急又气，而且会忍不住地说教，这就使得孩子的情绪越发激烈。

正确的做法是让自己的情绪平静，先不要去考虑别人会怎么看，而是把注意力放在孩子的情绪上，允许孩子有情绪，只是不允许孩子的某些行为。当你能够平心静气地接纳孩子的情绪时，你就会发现孩子的情绪会快速调整过来。

很多时候，家长会纠结在“自由”与“规则”的二元对立中。而实际上，在公共环境中，正是因为每个人都能把握自己的行为，才保障了大家的自由。对于孩子来讲，他们还不能站在他人的角度去看待公共环境，所以更需要成人通过有序的行为和营造有序的环境来帮助他们。

心理界限的形成

在水果店里，一个3岁左右的孩子出于好奇，拍打着货柜上的西瓜。孩子的妈妈立刻说："不许动，拍碎了要你赔的。"那个孩子稀里糊涂地、尝试性地又拍了一下，妈妈上去一把将孩子拉开。

无独有偶，在一个化妆品店的门口，一个2岁左右的孩子去抓摆在商店门口的样品。孩子的奶奶训斥道："你的手怎么这么长?！"孩子又是一脸的茫然，压根儿不知道奶奶为什么突然就发火了。

这两个事例其实都有一个同样的问题，即在孩子的好奇和不能触碰之间，我们作为成人要如何去帮助他们。

"别人的东西不可以拿"就意味着，在自己和别人之间有一个界限。这样的界限对一个孩子来讲不是天生就存在的，必须在成长的过程中去形成。而这样一个界限应该怎样形成呢?

当一个孩子在未经他人容许的情况下，触碰他人（不是自己的就都是他人的）东西的时候，你需要告诉孩子：“这是别人的东西，不可以动。”这就告诉了孩子一个界限。

可能孩子当时还没有办法按照你说的去做，但是他会听到、感受到一个意识，那就是：有些东西我不能触摸，我的某些行为是不能被允许的。他和他之外的世界存在着某种“隔阂”。

但是，那种隔阂还无法被孩子理解为界限，孩子还不具备这样的能力。那么，这样的能力是如何形成的呢?

孩子受内在产生的好奇心的驱使，对物品产生了想要触摸和感受的愿望，于是孩子就会立刻去实施这个愿望，因为他们还不知道自己的行为与外界的关系。这时，成人告诉孩子：“别人的东西不可以动。”

刚开始，儿童可能控制不了自己的好奇，会一次次地尝试。家长这时应该通过自己的语言去提醒孩子，在反复提醒的过程中，孩子渐渐就能够在心理上接受“我不能动别人的东西”这个事实。这是一个心理肌肉形成的过程，在这个过程中，处理儿童的情绪是至关重要的。

我们都知道，一旦成人阻止孩子行动的时候，孩子通常是无法接受和理解的，这是受儿童自身认知能力所限，因而他们会产生愤怒的情绪。

这个愤怒的情绪是由于内在的驱动力被阻挡导致的。也就是说，驱动的能量由于无法转化成行为，就以情绪的形式宣泄出来，这正是儿童时期发展情绪的重要性。

一次又一次情绪上的宣泄，使得儿童在心理上能够慢慢地去接纳原本无法理解和接纳不了的事情。就这样，儿童能够接纳的事情越来越多，内在的空间越来越大，对世界的认识越来越清晰，他们的心理界限也就形成了。

孩子的成长不是一蹴而就的，家长要和孩子共同走过这样的心理过程，这就是对儿童的帮助！

对孩子的控制能持续多久？

我曾经在一所公立小学做了几个月的代课老师。由于我是新老师，没有对付孩子的经验，所以孩子在上完半节课之后，课堂纪律就开始混乱了（因为他们发现我不厉害）。

下课后，我问班长："在其他老师的课堂上，同学们的纪律好吗？"班长拿起放在讲桌上的教鞭说："老师，你可以用这个敲那些不听话的学生的桌子。"她一边说一边给我示范。

因为孩子知道我不会发脾气，也不会用教鞭敲桌子威胁，所以他们不怕我，我的课堂纪律可想而知。

课堂纪律很显然是在某些外部力量的强制下形成的，那种强制的力量一旦消失，孩子的行为一定是无序的。

老师或成人可以通过自己的权威去控制孩子的行为，孩子会在这种控制下，表现出成人想要的所谓规范的行为。

但是，孩子看似形成的良好行为习惯，只会在有成人控制的环境中保持，一旦这种控制不在，孩子就会越发混乱。这正应了那句话：哪里有压迫，哪里就有反抗。

蒙特梭利说："要执行命令，就必须具有一定程度的成熟和执行命令可能需要的特殊技能。"这个意思是说，儿童是否可以听从成人的要求，有两个条件，其中一个是他们必须在生理和心理上达到一定程度的成熟，才可能听从成人的指令。

比如，你不会让一个刚出生的婴儿说话，因为他还不具备说话的能力，所以他不可能听从你的指令。因而家长应该明白，3岁以前的孩子是不可能按照要求做事情的。这个年龄段的孩子还没有形成完全的自我，他们的注意力还在内部的形成中，也就是皮亚杰所说的"以自我为中心"时期。家长如果在这个阶段要求孩子听话，实际上是名副其实的一厢情愿。

另外一个条件是孩子必须发展出一种能够自我控制的能力，那就是意志。

当孩子有了意志的时候，他们就会对自己的行为做出判断和选择。而一个有了意志的孩子在听从成人的指令时，会表现出顺从。这种顺从的行为是孩子自己做出的决定，因而无论在何种环境中，都不会有所改变和摇摆不定。

比如，一个5岁的孩子在听到上课铃声时，会马上停止正在进行的活动，听从铃声的召唤去上课，其意志是服从的基础。

家长只有明白了这两个问题，才可能很好地理解孩子的行为。就像自然界中的万事万物一样，所有的发生都是有规律的，教育孩子也必须符合人类成长的自然规律。我们只有了解和把握了这种自然规律，才可能做一个合格的家长。

“延迟满足”还是让孩子学会“等待”

20世纪60年代，美国斯坦福大学心理学教授沃尔特·米歇尔设计了一个著名的关于“延迟满足”的实验。研究人员告诉10名参加实验的儿童，可以马上吃掉提供给他们的糖果，但如果等研究人员回来再吃，那么还可以得到一些糖果作为奖励。

大约三分之一的孩子坚持了15分钟，才按铃让研究人员回来并得到了奖励。这个实验持续了很长时间，在跟踪研究中，研究人员发现那些小时候坚持时间久的孩子，长大以后的成就大过那些坚持时间短的孩子。

这个实验结果似乎给了家长一个信息，即孩子小时候只要不立刻满足他的需求，那么他长大了就会更有成就。出于这样一个对延迟满足实验简单的认识，家长开始用各种各样的方式来让孩子感受“延迟满足”。

例如，当孩子想要吃零食时、想要买玩具时、想要出去玩时，家长尽可能地推迟实现孩子的愿望。而这种在心理上推迟孩子满足感的实现到底会让孩子得到什么，家长是否真正考虑过?

在“爱和自由”教育中，有一个规则是“请等待”。其内容是：“当你想要使用正在被他人使用的公共物品、玩具时，请你等待。”这个规则看上去似乎和延迟满足大同小异，很多家长就直接把这个规则理解为延迟满足。

让我们先来看看“请等待”这个规则在什么时候使用。在一个公共环境中，如果你喜欢的或者是你需要的某个公共物品已经被他人使用了，那么你就要等到他人使用结束后再使用。

在自由的环境里，孩子有根据自己的愿望做出选择的权利，所以有的孩子会做出其他的选择，而有的孩子会做出等待的选择。

无论孩子做出什么样的选择，他们都会经历一个心理过程。

首先，他们会获得一种在公共环境中的秩序感——公共物品谁先得到谁先使用。这个规则给孩子心理上一个界限的感觉。

当我们处在一个公共的环境中，个人的需求和他人的需求有冲突时，“谁先拿到谁先使用”是个最有效的约定，这就让孩子建构了公平的规则意识。

其次，在自己特别感兴趣的东西被他人使用时，等待的过程让孩子在心理上经历着真实的时间感。也就是说，抱着一种想要做事情的兴趣和期待等待着时间过去，可以让孩子感觉到时间的存在。这种存在不是我们讲给他们的知识，而是他们经由心里的感受产生的，这是个通过感受、心理直到认识的过程——认知发生了。

时间是个抽象的概念，不是能够通过某个感觉器官就可以直接感受到的具象概念，因而对孩子来讲，认知时间并对时间产生感受，是个极其复杂的过程。而正是“请等待”这条规则，使得儿童能够在等待的过程中，真实地经历了慢慢流过的抽象概念——时间。

最后，孩子在这个等待的过程中，加强了自我控制的心理力量；或者说在那种等待的着急的情绪中，他们对自己的行为有了一种越来越清晰的认识，即尽管内心对有些事情的需求是刻不容缓的，但是现实和内心的感受不同步。在这个过程中，情绪起到了调节、舒缓的作用。透过着急的情绪，孩子能够一点一点明白和接纳这个不同步。而正如实验设计者米歇尔教授所说，通过测试的实际是自我控制的能力。

“延迟满足”的测试是对一种心理形成后的结果的测试，而教育本身的特质在于心理形成的过程。如果我们用某个结果作为教育的手段，那么得到的真实结果将是南辕北辙的。

奖励和惩罚对孩子意味着什么？

对我们来讲，看到这两个概念应该都不陌生。可以说，我们在教育孩子的过程中，最惯常使用的就是这两个方法了。因为在我们自己成长的过程中也接受了不少奖励和惩罚，所以我们可以思考一下，奖励和惩罚对我们意味着什么，然后再思考它对孩子意味着什么。

一名幼儿教师在上示范课时，班上的一个孩子把直饮水的水桶推倒后滚着玩。老师对此采取的方法是把孩子叫到一旁，给了他三块糖，让他接着去推水桶；过了一会儿再把他叫过来，给了他两块糖，然后让他继续去玩水桶；几分钟后，老师又给了他一块糖。之后，老师没有再给孩子糖，孩子也不再玩水桶了。

我们来看看这个过程中的奖励对孩子起到了什么作用。道理似乎很浅显，孩子因为得不到奖励就不再去做那件事情了。那么可不可以这样看，孩子的行为是受奖励来支配的，做与不做不是自己的自主选择，而是由奖励做出的决定？如果我们继续向下思考，掌握奖励品的人是不是就可以控制孩子的行为了？换个方式，我们把奖励（或者奖励品）拿掉的话，孩子的行为其实就是被人控制着。在这种情况下，你认为奖励和惩罚还有差别吗？

一个孩子对什么东西感兴趣，在什么时候想要做什么，是由他内在需求决定的。如果只看到外在行为表现，不去了解孩子的内在需求，那么对孩子的教育就一定会出现误区。如果一个孩子是按照自己的内在需求去做事情，同时有环境的支持和自由去做，那么做的过程就是儿童成长的过程。这个过程包括了心理力量的强大、对外在世界的认识、新经验的获得，并扩充了原有经验，激发了对事物的探索兴趣等一系列心理生命的发展。这个发展的结果是，孩子对自己、对环境、对他人都有了认识，同时对自己的行为有了把握。这时候孩子就有了纪律性，也就是蒙特梭利所说的“一种自发的自我约束”。

如果一个孩子不明白在什么环境下不可以做某件事情时，老师或成人只是用奖励或者惩罚的手段来控制，孩子的行为看似暂时停止了、听话了，但是孩子并没有在内在经历和感受那个行为为什么不可以有。因而，对他们来讲，听话一定是暂时的，一旦外在制约不存在了，不可以的行为一定会再出现，形成“屡教不改”的现象。家长总是揪着孩子的行为不放，但是并不去看孩子这些行为形成的过程。慢慢地，我们利用奖励和惩罚这样两个工具，把孩子教育成一个不能自己掌控自己行为的傀儡人。因此，蒙特梭利说：“奖励和惩罚都是在精神上对儿童的奴役。”

作为一名教育工作者和一个妈妈，我经常会自省：我是否做到了让孩子在精神上是自己的主人呢？假如我们把形成自我的权利交还给孩子，让他们自己去经历正确与错误，自己对自己的行为做出改善并获得经验，那么这样一个具备独立自我的人，才是一个对自己的行为有把握能力的人。这样的人是自己的主人，是自己行为的主人，因而他们必然会对自己的所作所为负起责任。

基于生命来谈界限与自由

如果一个人按照一种自然的法则在发展，就像一棵树要成为一棵树，一条鱼要成为一条鱼一样，一个人必然要成为一个人。在自然这条路上经历的所有事情，孩子都应该有权利决定。只是我们每个人都应该有自己的界限。你有你的界限，我也有我的界限。你拥有你的界限的时候，你才可能自由。你在你的界限范围内才可能自由，而我也只能在我的界限之内自由。你不能侵入我的界限。你侵入我的界限，你自由，但我不自由。这不叫自由，这就是不平等，这就是为什么我们的教育里面会说“爱、自由、规则、平等”。

爱就是让孩子做自己界限范围内的事情。你做你界限范围内的事情，我也做我界限范围内的事情。我儿子十三四岁的时候，我会要求他自己收拾自己的房间。但他经常不收拾，把屋子里搞得很乱。我往往会提醒他："你再不收拾我就动手了。"有一天我准备帮他收拾的时候，我突然想我不应该帮他做。我记得一本书中提到，孩子自己的事情要他自己做，如果不做，他就要生活在这样的环境里面，这就是他要承担的后果。另外，孩子应该把衣服拿出来放在洗衣机旁边，妈妈帮忙给他洗。但假如他就是不把脏衣服拿出来，每天堆在他屋里，那妈妈就不到他屋里拿衣服，结果总会有一天他一件衣服都没得穿了。但我们不谴责或者惩罚孩子，这是孩子界限范围内的事情，哪怕他真的把脏衣服重新拿出来穿一遍，也是他自己的事情，这也是他自己要承担的后果。如果我们惩罚孩子的话，他就看不到自己这样做的后果。

如果之前一切都成长得顺利的话，孩子在青春期的表现会出乎我们的想象。他们会自己去探索，会去理解这个社会，甚至理解父母。实际上，我觉得溺爱和爱的差别几乎都是在孩子小的时候"你别做，我替你做"。家长全盘包办代替，就意味着孩子的成长由家长来负责，孩子不用成长。当孩子长大以后，家长却埋怨孩子什么都不行。

实际上，家长侵犯了孩子成长的界限。选择也好，自由也罢，肯定都是有区分的，你是你，我是我。尽管我是你的妈妈，你是一个孩子，你也是你，你的生命拥有自由，你的生命拥有爱，而这些东西不是我给你的。所有的孩子无非是借助妈妈来到这个世界上，但他的生命本身是一个独立、有爱、有自由的生命。

每一个生命都是独立的，首先要在妈妈的心中根植这个观念。因为我们往往会陷入一个误区，认为孩子是父母的，孩子不是他自己的。如果孩子在这样一种状态下成长，是根本谈不上爱和自由的，因为他的一切完全取决于父母。但如果我们坚信每一个生命就是他自己的，不论他0岁、20岁、30岁，这个生命从降临人世的那一瞬间，他就拥有了自己的生命，这个时候才可能有爱，才可能有他生命的自由。

什么样的孩子能遵守纪律？

记得在电影《热血教师》中，一群10岁左右的孩子在课堂上能把一位男老师挑战得失去理智。无独有偶，一次在给9～10岁的孩子上戏剧课时，他们同样用各种方式影响课堂秩序。那天，我和电影中的那位老师遇到了一样的问题——如何让孩子遵守课堂纪律。

在影片中，老师从发掘孩子的兴趣入手，用他们感兴趣的事情来吸引他们的注意力，用平等的沟通方式。通过不懈的努力，孩子渐渐喜欢上了学习、喜欢上了课堂，并且能够自发地与老师配合，无论是在学习上还是日常的行为表现上，他们都发生了巨大的变化。

显而易见，那位老师的成功在于找到了孩子的兴趣点。当学生回到自己的兴趣点上时，他们才能将所有的热情投入学习和活动当中，在反复的锻炼中形成注意力。一旦孩子对一件事情有了专注投入的能力之后，就会对自己的行动有所把握和控制。他们明白自己需要什么，知道该怎么做决定。在反复做决定的过程中，他们的意志力得到了训练。当这种对自己的行为有预知能力的心理出现时，意志就出现了。意志一旦形成，孩子就会对自己的行动产生自发的自我约束，这时我们就能看到一个能够遵守纪律的孩子了。

蒙特梭利说，纪律必须通过自由而获得。这里的自由是当一个人是自己的主人即自我形成时，就能对自己的行为加以节制，而这种自发的自我约束表现在行动上就是遵守纪律。因而纪律不是我们依靠权威强制儿童行为的结果，而是儿童在自由选择的活动中（感兴趣的活动中），通过自我训练，经由注意力的产生到反复选择，最终形成的一种自发行为。

如何分辨“惩罚”和“自然结果”？

一次带老师学习《教师：挑战》[1]这本书，我对其中的几个观点还挺支持的：

“惩罚和自然结果之间的细微区别非常重要。使用自然结果既可以维持秩序，又不对孩子造成羞辱。而且它对孩子的影响要深远得多，因为它不包含妥协，因此不会在孩子心中制造出潜在的敌对心理。假如孩子受到羞辱的话，他们就会伺机作出报复回应。”

我们做老师的经常会遇到有关“惩罚”和“自然结果”的问题。孩子在课堂上会出现各种不遵守规则的行为，尤其是刚刚开始放松的孩子，总会挑战老师的底线。

---

① 该书由美国心理学家、精神病医生和教育家德雷克斯所著。

这种情形估计父母和老师都有同感，任何一个成人受到孩子挑战的时候，估计很难没有情绪，所以也很难将惩罚和自然结果分开。在有情绪的情况下做出的决定应该都是惩罚性的。

自然结果的意思是，学生（孩子）的行为导致的某个结果，由他自己承担。即使孩子事先没有想到会这样，他也要承担那个结果。

假如在这个过程中，老师（成人）指责孩子、羞辱孩子，那么孩子感受到的是情绪，而不是那个事件该如何解决。所以，这个时候孩子不可能承担后果，而是把所有的注意力都放在了对心理负担的承受上。在未来，这种心理负担要么爆发，即伺机报复；要么压抑，之后畏首畏尾，变成一个无法承担责任的、心理有障碍的人。

其实，在生活中最难的是如何让孩子明白自己的行为界限在哪里，因为我们自己有时候也很难去界定。这种“难界定”，和我们对自己的清晰认识有关。

我开车带着几个孩子回家，在路上（小区里）遇到一辆逆行的车，我向右边让了一下，但是跟在我后面的车已经把路口堵住了，这样一来谁也走不了。

我打开窗告诉逆行车的车主：“是你的错，你应该去道歉，然后让对方倒一下车，这样大家就都出去了。”

对方很不耐烦地说：“那个车上没人。”我身后的车主因为生气已经把车停下离开了。

车里的几个孩子就开始讨论，一个孩子说：“太帅了，就这样，谁让那个人逆行呢！”

另一个孩子说：“逆行是错的，可是那个人把车停在路上就走了，也很不负责任，他的车会被锁的。”

我没说什么，艰难地一点一点把车倒出来，我们继续往前开。我说：“逆行的人做错了，但是我把车倒出来了，我做出了妥协。不是因为我不知道对错，而是我觉得这样僵持下去对大家都不好。如果对大家都不好，那么对我自己也是不好的。所以我选择妥协，不是为了别人，而是为了我自己，我不想为了一个错误的人，在这里一直耽误时间。”

孩子沉默了，随后应该都明白了我的意思，又开始高兴地讨论起来。这次孩子开始投诉自己在学校是如何被不公平对待的，也谈到了他们的不满。我知道，他们心里被堵的地方，在我的疏导下打通了。

其实，我们自己的行为，就会带给孩子真正的自我觉察和反思。

给孩子建立规则的一些方法

以下是我多年来收集的关于规则的问题。我对这些问题进行了整理与回答，希望读者能从中找到有用的信息，帮助自己的孩子建立规则。

问：**瀚瀚4岁，晚上喜欢吃很多零食，不停嘴。我们都担心他吃太多积食，可又没有什么好方法引导他。此时应该怎样建立规则？面对拒绝，他通常都很生气，此时应该怎样倾听？**

答：如果吃零食对身体有影响，那么适用的原则就是：

第一，不伤害身体。不要把零食摆得到处都是，因为这样会让孩子有吃的欲望。

第二，说不能吃就不能吃。孩子哭就哭，闹就闹，但这些都需要你特别耐心地陪伴。因为不让孩子吃零食，他内心很难受，这时候他没办法面对自己的情绪，家长只能耐心地陪伴。

家长要明白，可以满足孩子的需要，但没有办法满足孩子的欲望。有时候，你会发现，孩子打开每一种零食都只吃一口。这其实并不是真的去吃，而是去探索——用口腔去探索味道。这就是孩子的需求——需要被满足。只要让孩子尝试，他们对味觉的认知就会提升，而随着认知的提升，这个阶段很快就会过去。

其中最重要的是，家长不要纠结，不能一会儿让吃，一会儿不让吃。例如，孩子一哭闹就同意他吃，不吭声就不让吃；或者某天觉得他身体不好，就坚决不同意他吃，过两天身体好了，又同意了。规则最忌讳的就是拉锯战，孩子会在这种纠结中反复试探家长，使他没有办法形成对某个行为的心理界限。

问：**Simon7岁，已经上学，没有时间规则，不知道什么时间应该做什么，每天就想玩手机，怎么建立规则？**

答：对于上学的学生，我觉得要在时间管理上建立一些规则。什么时候可以玩手机，什么时候不可以，一次能玩多久等细节，要事先和孩子讨论清楚。我个人建议，孩子上学后主要任务是学习，不建议周一到周五玩手机，业余时间也不行。那么，业余生活做些什么呢？可以画画，听故事，看书，进行体育活动、家庭成员之间的互动游戏等。但在规则建立的过程中，孩子玩的时间长短会随着年龄的增长，有一个相对的满足时期延长。这个意思是指，玩一款游戏或者看视频的时间，年龄越大的孩子，得到满足需要的时间越长，所以规则要根据孩子的年龄和游戏、视频的节奏来制定。如果是看电影，建议看完一部，看电视剧就看完一集；如果是玩游戏，可以玩几局，大概在1～2小时，但中间约好眼睛休息的时间。这样，孩子在娱乐之后会有个相对满足的心理状态。

问：**男孩，8岁，上小学二年级，下午4点放学。之前，他每周五7点半会约几个要好的同学踢足球，这已经成为一种规律。但最近两周，孩子交友需求增强，从周一到周三，每天晚上他都要出去和小朋友玩。这影响了英语朗读，休息时间也要推后。他一般在放学后可以第一时间完成作业，但是小报订正或者朗读作业就会在玩之后才做。关于这个年龄段的孩子，时间管理的规则该怎样制定呢？如何和孩子讨论每晚的时间规则，才能让孩子既感觉有自主权，又能制定出合理的时间规则或计划？**

答：解决这个年龄段孩子的问题，生活规律和交往发展都需要考虑。首先，我们要让孩子保持一个相对正常的作息学习规律。这样的规律可以保证学习、生活的平稳开展，使孩子有充足的精力。其次，孩子到了八九岁的时候就会呈现出越来越多的交往需求。为了达到两者的平衡，家长可以事先跟孩子约定好，比如一个星期有一天，让他去跟小朋友交往。如果孩子觉得一个星期一次还不够，想要两次，那么偶尔可以再加一次，这就叫作“规则弹性”。比如，昨天已经聚会了，今天孩子还想再一起玩，因为昨天在一起的感觉特别愉快，那么你可以给他一个弹性。这个时候你要让孩子有个完整的愉悦体验，但也要给孩子讲清楚，下不为例。如果下次遇到这样的情况，你就可以坚持规则，因为你知道孩子内在体验过了完整的感觉。你的坚持也许会让他的情绪低落一会儿，你需要陪伴孩子的情绪，但不要讲道理、指责，更不要说上次已经妥协过。要知道，在有序生活和成长之间没有比较，不要让孩子陷入自责或者抱怨中。这么大的孩子，不可能充分地管理好自己的时间和行为，所以还需要家长帮助他一起去实现。

问：**我是一对双胞胎女孩的妈妈，孩子7岁，姐姐内向，妹妹外向。姐妹俩经常因为一个地方、一件衣服、一点吃的发生争抢，而且谁的东西就是谁的，不允许另一个动。一般姐姐让着妹妹，妹妹却经常无理取闹或故意找碴儿，姐姐经常被气得大哭。对于双胞胎来说，其实没有什么大小之分，我想让两人相互谦让，懂得分享，懂得感恩。**

答：孩子在5岁以前，是很难允许自己的东西被别人分享的，他们认为自己的就是自己的。他们透过完全拥有一个物品来获得这个物品带给自己的心理满足、精神享受。所以，两个孩子相互争执是正常的。

只有自我界限清晰的人才会相互谦让，如果两个孩子之间界限都不清晰的话，就没有办法相互谦让。孩子什么时候才真正懂得谦让呢？这和他们的社会性发展有关系。也就是说，儿童的社会性发展使他们能够逐渐从以自我为中心的状态中走出来。第一次社会性敏感期在五六岁的时候，比起三四岁的孩子，五六岁的孩子开始有分享行为。第二次社会性敏感期在9～10岁，但这时的分享也是有限的。一个孩子真正懂得分享和相互谦让要到16岁以后。只有到了青年时期，理性产生了，个体发展基本结束的时候，人才可能产生真正意义上的分享和谦让。这个时期的孩子，已经开始将他人和世界纳入自己的世界中，他们的生命里有自己、有他人，也有这个世界。那么家长在制定规则的时候，一定要考虑到孩子当下的心理状态，不要简单地把孩子的成长过程理解成应该是什么，而是把重点放在发展出什么上。

具体的建议就是，两个孩子各自拥有自己的东西，对于自己的东西，自己有管理和支配的权利。家长日常可以和孩子进行与分享相关的讨论，让她们知道分享是人的需要和连接的方式，但是不强制孩子一定去做。

问：**我的两个孩子都上一年级，她们一起做作业，只要没有看着，就一边聊天一边写。可我总看着她们，就不能做其他事了。这个问题特别困扰我，不知道应该怎么办。**

答：幼小衔接特别重要，因为写作业这件事情，在孩子之前的生活中完全没有，所以对有的孩子来讲，他们认为写作业不是必须完成的。这时，家长要陪着孩子来完成。如何陪伴呢？家长要安静地做自己的事情，孩子也安静地做他的事情，两个人偶尔聊聊天是可以的。当孩子完全离开了写作业的感觉时，家长只需要平静地提醒一下，让孩子能够明白，提醒是帮助他渐渐地走入安静学习的状态中，是在帮助他，而专注于学习、按时完成作业是他自己的事情，也是必须承担的事情。如果家长总是死死地盯着孩子，他就会觉得写作业是家长的事情，完成作业是为了家长，而不是自己。

比如，你可以事先衡量一下完成作业需要多长时间，如果孩子不那么专注，偶尔说说话，那么就和孩子约定好具体时间。这中间你只要提醒一下孩子时间就好了。

这个陪伴的过程，我认为还是需要很长一段时间的。为什么这样讲呢？孩子在写作业这件事情上不单纯是完成的问题。他们白天经历了很多事情，都是他们之前的生活中没有过的。从幼儿园到小学，孩子从个体状态变成了集体中的一分子，他们需要适应这种集体生活，同时还要学习许多新的知识、结识新的伙伴。这个过程在家长看来是理所应当的，但在孩子的生命里，是个巨大的变化。所以他们上完学回到家中，不只是在写作业这件事情上，而且心理上也需要家长陪伴、倾听和调整。这是家长需要付出时间的关键点。家长可以看看书，做家务活、手工等，整个家庭的氛围不要那么纷乱，营造一个相对平和、宁静的气氛。在这样的氛围中，大家各做各的事情，安安静静的，就可以达到效果了。

问：**男孩，7岁，有时会做一些危险的事情，我跟他说不可以，但是他会反驳“为什么×××就可以呢”。请问，应该怎么回复孩子比较好呢?**

答：孩子做危险的事情，是坚决不可以的，告诉他“不管别人怎么做，你都不可以。因为我们遵守规则不是为了他人，而是为了我们自己”。一旦孩子明白了这个道理，就明白自己的行为界限在哪里了。这个时候家长自己一定要明辨是非。孩子不理解没关系，但如果家长的界限不清晰，那才会导致问题。所以，家长的态度一定要坚定，让孩子一定要在一些重大的事情上明辨是非。

问：**男孩，上一年级，早上起床总要磨蹭，拖拖拉拉不去刷牙洗脸。因为他动作慢，我总提早半小时播放他喜欢的音频来叫醒他，可他经常听着音频就忘记行动了！我们也开过家庭会议讨论这个问题，并建立了一些规则，例如我只提醒他三次时间，但是这样也收效甚微，他似乎感知不了时间。我又重新制定了规则，7:40如果没有吃完早餐，那他就得自己走路去上学（家离学校有点距离）。不知道这样做对不对？我**

是不是要多跟他做一些感知时间的活动？

答：我觉得学会管理时间是需要过程的，家长当然可以尝试一些方法。但在过程当中，孩子要能感觉到这是在积极地帮助他建立一种管理时间的能力，而不是让他感觉到家长在焦虑、在强迫、在担心、在烦恼、在指责等一些负面的状态。要让孩子明白："妈妈想帮助你具备这样的能力，管理你自己的时间。"和孩子一起去尝试管理时间的方法，找到最合理有效的那一种。让孩子知道自己是有能力克服一些困难的。这是一个逐渐帮助他的过程，而不是别人拖着他走的过程。

家长要有一个比较高的意识，不要跟孩子在日常的行为当中较劲，或者家长认为他应该这样，他就立刻这样。这两者都是家长没有办法跳出自身角色来看孩子而导致的。如果能从局限中跳出来看孩子，家长就会知道自己只是在积极地帮他建构一种能力，这样他也会努力地去配合，这是比较理性的方式。

问：**我的儿子10岁，上三年级。他上学后每天有半小时可以玩电子产品，但是我一直没有同意孩子玩网游。前些日子他周围的同学在玩网游，他也很感兴趣，有时候会看到他趴在别的同学身边看别人玩，自己也会画一些想象的漫画。我们开了家庭会议，孩子希望能在规定时间内玩一下，其他家庭成员也赞成，但是我有点犹豫。我担心的是，他会上瘾或玩游戏会对大脑产生刺激等。请问，我能让孩子玩网游吗？**

答：就现在的社会而言，不让孩子玩电子游戏似乎是不可能的。不过，我不太赞成孩子玩网络游戏，尤其是年龄小的孩子，比如小学生。即便是大孩子，在玩电子游戏方面，我也有个原则，即周一到周五不能玩。

假如每天给孩子半小时玩电子产品的时间，那就意味着他每天都要惦记着这半小时的时间。而对一个10岁的孩子来讲，半小时是不能够满足他的需要的，所以他总处在一种未满足的状态中，从而会花很长的时间去斗争和争取，并产生心理纠结。我认为，10岁的孩子，如果只是在周末玩游戏的话，时间可以长一些，根据游戏的内容而定，最好是一个相对满足的周期。

关于上瘾的问题，我觉得家长首先要正视这个概念，而不是谈虎色变。我们大部分成人会把玩游戏和上瘾放在一起，其中担心的不是玩游戏，而是上瘾。但家长有没有发现，如果孩子是读书上瘾、学习上瘾、运动上瘾等，就不会担心，或者担心的程度会轻一些。所以，家长应该明白，孩子的成长不是由我们设定的，也不是我们能掌控的。家长不能用自己的恐惧和担心去看待成长中的所有问题，而是要理性地去看待，然后和孩子一起去面对。如此一来，我们再看上瘾，就会觉得它并不可怕，因为我们作为一个人、一个正常的人，就一定会有各种问题，上瘾只是我们遇到的其中一个问题而已。而且我们会发现，如果一个人沉溺在一件事情当中的时候，来自外界的指责和担心都不会起到作用。所以，如果孩子沉迷某种事物而影响他的成长的时候，家长要做的是帮助他走出来，比如丰富他的生活，充满爱和耐心地陪伴，同时和孩子一起制定一些规则，然后一起去落实这些规则，让孩子感觉到自己只是遇到了一些困难，父母很关心他而且在帮助他一起面对困难。这样，孩子的内心就会有勇气和力量去面对了。

问：**男孩，6岁，在幼儿园经常打扰别人，对方发出制止时还是停不**

下来，直到老师介入才行。但老师介入解决问题时他也总打岔，道歉时也是嬉皮笑脸的，对方多次不接受才会好好说“对不起”。在家里对于已经约定好的事，他还是会试图不遵守，直到大人坚定拒绝多次才行。请问，需要怎样帮助他建立规则？

答：和孩子建立规则，我经常会说到“温柔而坚定”，这是一个比较有难度的要求，但它是最有效的方法。温柔指的是成人（家长和老师）的情绪状态，在给孩子建立规则时，情绪状态越稳定，那么孩子的注意力越能够聚焦在行为上。如果成人的情绪状态处在波动中，那么孩子首先会去回应情绪，调整行为就已经不能实现。坚定指的是成人对自己所要做的事情是清晰的，不是含糊的，这样孩子就能准确地接收信息，从而把注意力放在调整自己的行为上，而不是和成人纠缠。一旦家长和老师能达到“温柔而坚定”的状态，孩子也就不会反复试探对方的底线了。

问：怎样分别给12岁的女孩和6岁半的女孩制定做家务的规则？

答：12岁孩子承担的家务要相对多一点，比如收拾自己的房间、饭后帮助家里收拾餐桌、倒垃圾，以及在父母没有时间的时候，给自己做点简单的食物等。6岁半的孩子还处在发展过程中，肯定还没有办法独自完成家务活，只能做到自己照顾自己，比如收拾书包，把自己的用品和玩具归位等。做这些事情坚持的原则是力所能及，不要超出孩子的能力。家长要清楚，做家务也好，照顾自己也好，都是在做自己有能力做的事情，同时也是家庭成员该做的事情，是自然而然发生的，不要把做家务当成一个硬性任务，让孩子来完成。如果只是担心孩子未来不能独立生活而让他做家务，那么意义不大；但是，如果觉得这是家风，是家庭生活的价值观，每个人都需要为家庭付出自己的力量，那么做家务的意义就不一样了。

问：**孩子6岁半，吃饭时脚总动（很容易踢到别人），爱用手拿食物，有时吃一半就要离开，一会儿又回来，还很爱一边吃饭一边说话。请问，针对这种情况，应该怎样建立规则？**

答：首先，这些行为习惯是一点一点地养成的，也就是说，如果孩子在6岁以前没有建立任何规则，6岁以后忽然提出来，并希望孩子马上做到，这是不可能的。

当孩子用手抓食物时，要提醒他用勺子或者筷子。每次都耐心地提醒，不指责也不讲道理，只是提醒，慢慢帮助孩子建立规则。当孩子吃饭时踢腿、离开餐桌时，家长都要用这样的方法去提醒。

建立规则需要过程，我们必须有耐心去坚持，让孩子明白自己的行为需要有一定的规范。但是，这并不意味着孩子有问题。如果家长用理性去帮助孩子的话，那么规则本身就不是家长制约孩子的武器，而是一种客观事实。

5

第五章

父母的成长

孩子的压岁钱应该如何管理？

每一个春节对孩子来说，最吸引他们的除了放鞭炮，应该就是压岁钱了。对于孩子的压岁钱该如何管理是家长们头疼的一个问题。

家长需要明确压岁钱是归小朋友所有，还是归父母所有

如果家长觉得孩子的压岁钱是归父母所有，或者认为孩子的压岁钱是自己给别的孩子压岁钱换回来的，那么这件事情就要提前跟孩子沟通。只要你有很清晰的想法和思路，是可以跟孩子沟通的，比如多少压岁钱是归孩子的，多少是归父母的。父母也可以跟孩子坐下来讨论，这个过程对孩子来讲，是一个很有意义的过程。

因为希望自己管理压岁钱或者对压岁钱有意识的孩子，正好处在一个对钱财、交换东西、自己物品所有权的敏感时期，所以我们可以

坐下来跟孩子一起讨论压岁钱有多少是属于自己的，有多少是属于孩子的。

孩子有没有绝对的权利来支配自己的压岁钱?

我相信六七岁及以上的孩子都会特别看重自己的压岁钱，他们会把压岁钱当成完全属于自己的财产。他们有极大的欲望来掌控自己的压岁钱，这个时候会跟家长有一些矛盾，比如家长会觉得压岁钱用在哪些方面是合适的，用在哪些方面是不合适的。

虽然六七岁的孩子不一定知道压岁钱怎样处理是合适的，但是在家长跟孩子一起处理压岁钱的时候，家长可以作为朋友、旁观者或者理财顾问的角色来跟孩子一起商量压岁钱怎么用，而不是绝对占权威优势的一方。

我建议在这个环节上，家长把角色稍微转变一下，也就是说，不完全是讨论者的角色，而是站在一个支持者的角色来帮助孩子管理钱。为什么说要站在支持者的角色呢？因为孩子在这个时候会非常想使用自己的意志——使用自己的意志来支配属于自己的东西，但这并不代表他已经具备了支配自己东西的能力。

在这个过程当中，如果你不是稍稍地站在局外的角度来跟孩子商量，他其实很难听进去，因为他觉得这件事情应该由他做主，所以你要把主导权交给孩子。但是由于他还不太会管理，所以他会听取你的一些建议，当然你的建议必须是积极的建议：把收到的压岁钱分成几个部分，一部分是买玩具的，一部分是买零食的，一部分储存起来，再有一部分可能是捐赠的——参加一些公益活动，在需要捐钱捐物的时候，孩子自己做捐赠的主人。

这个时候，家长站在一个旁观者的角度，能让孩子既感觉到他是自己思想上的主人，也能够感到来自父母的支持。这种支持会增长儿童支配金钱的能力，同时增长他们管理钱财、财务的信心，而且经历过一次，下次孩子就会获得这方面的经验。

家长可建议孩子把钱分为几个部分，至于哪个部分是多少就不要再建议了，由孩子自己决定。比如，孩子会支出大部分钱买好吃的，然后少部分钱用来买玩具，可能还留一丁点钱去捐赠（六七岁的孩子刚开始有可能不舍得把钱拿去捐赠）。

注意培养价值观

在支配压岁钱的过程中，家长应该考虑到价值观的教育，需要提前给孩子做好铺垫。父母可以建议，哪怕孩子得了1000元压岁钱而只用10元来捐赠也没有问题，但要让孩子明白我们需要付出自己的爱心。《培养富足的孩子》[①]一书中将捐赠等用钱定义为感恩类的钱，我觉得特别好。这类钱也可以给父母、爷爷奶奶买礼物等。对孩子来讲，他会学到具体的方法，那就是可以分成几个部分来管理他的钱财。

与此同时，对孩子花压岁钱的时间不要做限制。比如，他的压岁钱可以分半年花或者分一年花，那个期限由孩子自己来决定。压岁钱花到最后阶段的时候，孩子会获得一个经验：压岁钱都用来买吃的了，买玩具的钱就变得很少；或者有的时候，父母同意买一个50元的玩具，可他自己想买一个七八十元的玩具，那他可以用自己的钱来补齐。在整个使用钱的过程当中，他慢慢地就获得理财的具体经验。带

① 该书由日本金融策划师三浦康司著。

着这样的经验，第二年他再理财的时候，可能都不用家长建议，直接就会分块理财，并且自然而然地就会把买吃的那部分减少。大部分孩子到了8岁对玩东西更加在意，他的钱财分配比例会发生变化。

要是从六七岁一直自主理财到10岁，孩子在捐赠这方面就会更加舍得投入。为什么会这样呢？是因为到了10岁左右，孩子进入社会性发展的阶段，他开始看外面的世界，同时也想参与到外面世界的活动当中去。其中一个表现就是用“我自己的钱”去捐赠，这对孩子来讲是一件实现自己社会角色需求的事情。

所以，帮助孩子管理好压岁钱，对孩子来讲不仅可以培养理财意识、锻炼理财能力，还能通过理财实现价值观的引导。对待金钱树立正确的价值观，是一种面对未来生活的能力。一个孩子只有自己经历了钱财运作和管理的过程，才能知道在未来生活中如何管理自己的经济生活。这个能力也是一项重要的生存能力。

也许很多家长都抱着这样一种观点：“我把钱都给你，然后你花多少都要向我汇报。”在这样的情况下，孩子永远都不会理财。《培养富足的孩子》一书中说：“如果我们拿到了工资，上司却插嘴说：‘这钱你怎么用呀？’‘花在这些地方真是浪费！’那个时候的我们有什么样的感觉，孩子就有什么样的感觉。相信自己的孩子，控制自己问东问西的欲望。即使孩子出现一定浪费和失败，这也能成为很好的经验。”其实，理财的过程就是经验积累的过程，家长不可能指望孩子对钱财的管理能力一步到位，而且一贯正确。既然是个经历，那么就会出现各种各样的状况，只有经历了这些状况，孩子才能真正从中学习到宝贵的经验。否则，孩子就没有办法承担自己对钱财控制的结果，因为总是家长在做决定，所以也应是家长而不是孩子来承担后果。

管理压岁钱看似十分简单，其实背后有很深刻的教育意义，比如责任、孩子对自己的认识、他对自我管理的反省……这对拥有无限成长可能的孩子来说，是不简单且有意义的事情。家长只有在每一件简单的小事上教育好孩子，才不会觉得教育这件大事是件难事。

放手，让孩子长大！

微信朋友圈里有个朋友曾说自己的孩子：“1岁1个月的你，多少次决绝地推开妈妈的手，投向爸爸的怀抱。心头多少失落～～”

我想，许多妈妈看到这个分享，都应该或多或少有些感触。其实，让妈妈们黯然失落的岂止孩子推开自己的手投向爸爸的怀抱。在孩子成长的过程中，妈妈们大概会有许多个这样失落的瞬间吧？

记得有一年去机场送儿子出国，和他拥抱告别时，我忍着眼泪高高兴兴地说再见。但是看着孩子的背影远去的时候，我转过头来，泪水奔涌而出……

回想一下：

孩子学会走路、踏出第一步，将背影留给你的那个瞬间；

孩子上小学，更愿意和一群小朋友在一起，而不是哭哭啼啼地跟着你的那个时刻；

孩子到了青春期，不再絮絮叨叨地跟你讲他身边发生的所有事情的那个时期；

孩子上了大学，会用各种形式告诉你“我妈妈好幼稚”的那个阶段；

……

我相信妈妈们都失落过。

这一次次的失落背后，总是会让我们做父母的不断去体会，所谓父女母子一场，只不过意味着，你和他的缘分就是今生今世不断地目送他的背影渐行渐远。

然而，万事万物都有它的法则，父母和孩子每一次的分离，都会带给孩子走向成熟和独立的机会。

《过犹不及》[①]一书中说：“儿童开始学习走路是从安全温暖走向刺激探险的阶段。”

这个离你而去的背影告诉你：“我要长大了！”与此同时，对父母而言，这也是不断调整自己角色的契机。

从孩子和我们的一体化到孩子走向独立自主，这个过程不仅仅是孩子在成长，同时父母也是要成长的。

孩子成长的过程是父母逐渐退出父母身份的过程。父母和孩子的关系就好像是运载火箭送宇宙飞船上太空一样，当送到指定位置时，火箭就会和飞船分离，因为它完成了自己的使命。

尽管这听起来会让大多数孩子还没有被送到指定位置上的父母黯然伤神，甚至感到有些残酷，但这就是事实。

---

① 该书由美国心理医师亨利·克劳德和约翰·汤森德合著。

我在机场和孩子分离的那一次，深刻地体悟到：“不舍是以自我为中心的爱，目送是以孩子为中心的爱。”

这对我而言，真的让我感觉到自己和孩子之间的关系发生了比较大的变化。我开始领悟到自己对孩子的爱经历了照顾、陪伴、帮助、理解、支持，直到退出这样一个过程。这个过程是所有父母都必须经历的。

“当然，如果是一个不独立的妈妈，她最渴望的是来自婴儿的亲密、需求和依赖。因为她不喜欢‘分离’，不喜欢与婴儿有任何距离。”我对这段话是相当有共鸣的，因为我看到周围有很多妈妈不肯让孩子在自己的心中长大。她们爱着那个小婴儿，仿佛这样就可以弥补自己成长中的缺憾。

由此可见，儿童的成长取决于父母的成熟。还是那句老话，为了孩子，父母必须成长！

这个分离的过程，对父母和孩子都是一样的，因为孩子也在经历着这样的分离。从刚开始的一体化到后来的独立，孩子也是从撕心裂肺的哭叫中开始一点一点地体验这种独立。

孩子的每一次离你而去，都意味着又一次经历了独立的心理体验。

这样独立的体验越多，就会让儿童在心理上将所有的体验建构出一个真实而有力的心理结构。这个时候，儿童的心理就成熟了，蒙特梭利所说的精神胚胎也就实体化了，自我就形成了。

我的孩子现在23岁了，我开始尝试着去给一个完全独立的、已经步入成年的孩子做妈妈。这个角色的转变也需要一个过程。看着他牵着女朋友的手走在公园的路上，我只是默默地走在后面，心里仍然会升腾起来忧伤：那只曾经不肯放开我的手的小手，现在却成了另外一个人的依靠。和所有初为人母的妈妈一样，我也在学习和适应着。

放手让孩子去独立、去成长，这个孩子才能真正独立自主。独立是生命的命题，从吃妈妈的奶长大到吃其他食物，从模仿到自己创造，从听父母的话到不听话……父母要接纳这个过程，这是自然的法则，养育就是顺应这个自然法则。

这就好像刚出生的婴儿不是先学会握紧拳头，而是学会放手一样，可见放手的意义非比寻常。

父母会渐渐地发现，放手比束缚难得多。但往往越是困难的事情，越是重要的。为人父母，责任重大啊！

站在生命的角度，和孩子一起成长

出于我是老师、妈妈的双重身份，家长总希望我能分享更多具体的育儿方法。家长认为，只要得到具体方法，教育孩子的问题就都迎刃而解了。然而，过往20多年的经验使我体悟到，教育孩子不是有多少方法，而是如何对待人生、如何生活、如何思考等全部行为的结果。

印度著名哲学家克里希那穆提在《一生的学习》一书中写道："要教育一个孩子，使他完整而自由，是没有方法可以依循的。""教育者必须付出所有的心思、所有的关怀和情爱，以创造出正确的环境和智慧的培养，使得孩子长大成人后，能依智慧处理他所面临的人生问题。然而，要做到这一点，教育者必须了解他自己本身，而非信赖种种意识形态、学说或信仰。"

作为家长，在考虑养育一个孩子之前，你是否真的了解你自己？

如果家长能够认识自己，那么就知道如何去教育孩子。因为人类的生命成长核心是一样的，你认识了自己，也就认识了生命，当然你也会认识你的孩子。

人们总说教育孩子的过程是个言传身教的过程，那么家长的状态就是孩子最初的成长环境。家长的一言一行一念，都是这个环境的组成要素，而且孩子对父母提供的环境会无条件地吸收，即使是父母潜在的心理状态，也会直接影响孩子的心理状态。

一个8岁的小女孩对我说："老师，我长大了绝对不会和像我爸爸那样的男人结婚，因为他一点都不能理解我妈妈。"我问她："你想找一个什么样的男人呢？"她说："我也不知道，但肯定不是我爸爸那样的。"

这就是家长带给孩子的成长环境。这和爱无关，不是因为这个小女孩的爸爸不爱她，而是在父母的婚姻生活中，孩子得出了一个结论。这个结论不是父母刻意教给她的，而是她从父母的生活中自己感悟到的。这样的结论，在未来会直接影响孩子的价值观、婚姻观。儿童的成长不是家长用什么方法教他，而是用什么样的生活意识养育他。

在教育孩子的过程中，假如我们陷入方法层面，自然就会陷入到对生命认识的局限中。儿童是一个独立的生命体，他们拥有成为一个完整的人的精神胚胎，这是生命的特征，不是父母能左右的。因此，父母要做的是去看到这样一个生命成长的事实，并且尊重这个自然的规律。这是一个全观的角度，它是超越了自我认识局限的。

作为母亲，我最深刻的认识是必须了解生命。面对自己的孩子，我会心生无限爱意。这种爱使得我想去真的认识他的生命，而不仅仅是我肉眼看到的这个外在呈现出来的样貌。也正是因为这样的动力，我希望了解生命本身，我希望我能够在生命的长河里陪伴我的孩子和他一起成长。

一旦领悟到生命成长的真谛，你就会用自己的智慧创造出育儿的环境与方法。当这种智慧启动时，你会发现，生命的成长不是孤立的，只是处在不同的阶段而已。所以，让我们站在生命的角度，和孩子一起成长吧！

独立是儿童内在的成长需求

这是朋友发在微信上的一段话：

昨天我应该是不耐烦，催促了毛毛，还戗了他两句话。

毛毛气愤地说："妈妈，我讨厌你！我讨厌你！"

我说："听你这么说，我有点难受。"

毛毛愣了一下，说："妈妈，可是你这么说，就好像我是你的主人一样。"

我也愣了一下，说："你的意思是说，别人说你怎么样，你就很难受，就好像别人是你的主人一样，是吗？"

毛毛说："是的。"

我（内心闪过四个字"真知灼见"）说："好！我要成为自己的主

人。谢谢！”

毛毛很高兴。我们和好了。

记录：毛毛4岁半，处于交往敏感期，她面临的难题和她的领悟。

一个4岁半的孩子能说出这样的话，我想大部分家长会和我有一样的感觉：这个孩子太有水平了！是的，儿童就是这么高级！正如蒙特梭利所言，儿童创造了成人，不经历童年，不经过儿童的创造，就不存在成人。

那么，儿童究竟是怎么创造的呢？

儿童在1岁左右的时候，会出现一个敏感期，那就是自我意识。这个自我意识是儿童心理上的一个成长，是对自我存在感最朦胧的开始。同时，儿童的身体发展也有一个标志性的成长，就是学习走路。

儿童心理和生理上的这两个变化，都在向成人世界宣布着一个信息：我要独立！孩子要成为自己，也就是自己做自己的主人。

就像蹒跚学步的孩子总是一次次地尝试离开你走出去一样，儿童的生命也是要逐渐独立于父母而存在的。这种独立不是成人教给他们的，而是他们自己内在的成长需求，也就是蒙特梭利说的：“母亲所带来的只是婴儿，是婴儿创造了成人。”

从儿童的“自我意识”出现开始，自我的成长就势不可当地发展起来了。儿童从和世界浑然一体的感觉中逐渐走出来，成为一个独立的个体。之后，自我形成的敏感期就一个接着一个地出现了：

所有的东西都是我的；

开始使用第一人称“我”；

对所有的人和事说“不”；

一切事情必须按着我的愿望进行；

……

总之，儿童就是要“我”做主。从“我做所有事情的主”到“我是自己的主人”一点点明晰起来，儿童的自我就形成了。

对于一个人的成长而言，做自己的主人是一件重大的事情，这标志着每个人都是他自己，是这个地球上唯一的那一个！

人类的儿童是自我创造的，只有经历了这个创造的过程，儿童在成长为成人的时候，才能真的是他自己，而不是被替代的任何角色。

我们在和孩子相处的过程中，其实总会发现，孩子只要是按照精神胚胎的指引发展的，内在都会有强大的力量去推动自我的建构。当这种内在的自我形成后，人就能够为自己的一切负责任了。

这样一个有自我的人不会因为他人的评价和看法受影响，也不会将自己的感受交给他人。就像4岁半的毛毛认识到的：如果他人说了一句话，你就立刻用那句话来评判自己，那就是把自己的感受交给别人，自己不是自己的主人了。

孩子要上小学了，家长要做哪些准备?

转眼孩子就要上小学了，你做好准备了吗?

回想我儿子准备上小学时，我没有充分地认识到孩子的这个特殊阶段，而是觉得孩子长大了，自己终于可以轻松了。但我很快就发现现实和我想的差太多了。

首先，孩子在生活上的改变，比如每天上学要准备的东西，孩子的作息时间等。幼儿园可以迟到，甚至可以偷懒不去，可是上小学后，这些都不行，每天早上起来就像打仗似的。而往往这时候就会状况百出：红领巾忘记戴了，老师要求的教学材料忘记拿了，作业本忘记带了……

其次，孩子的情绪。放学时，孩子有时会各种找碴儿、各种情绪宣泄。

最后，小学的学习生活比我们想象的复杂，比如孩子记不住作业，作业写得慢……

这一系列的问题，都是对我的一个挑战。有时候我会觉得到底是他在适应还是我在适应，我的情绪经常和孩子的情绪交织在一起，那段时间真的很煎熬。

对上面的分享，有共鸣的家长应该很多吧？

对于这个阶段的孩子，家长首先要有一个清晰的认识，即这是一个重要的过渡阶段。在这个阶段中，孩子从个体状态中走出，开始进入集体状态中，这对孩子来讲是个巨大的挑战。这意味着这个儿童从自然的状态向社会人开始迈进了。大部分家长应该和我当初的想法一样，那就是孩子终于长大了，可以独立了，应该可以自己照顾自己了，并开始要求孩子的学习。而这个时候，家长却忽略了孩子正经历着一个非常重要的特殊过渡阶段。这就好比我们把一个刚学会开车的人，独自放到高速公路上行驶，同时还要求他以120公里的时速前进。那时候，那个人的感受一定是手足无措、诚惶诚恐的。我想刚刚走进校园的孩子，正是需要家长帮助他们适应的时候。如果在这个时候，家长一味地要求学习、要求独立，就会给孩子增加压力，有些孩子会对学习、对学校产生不同程度的恐惧和反感。

具体来讲，家长应该做哪些准备工作呢？

第一，在生活上帮助孩子养成规律的生活习惯。这对即将上小学的孩子很重要，因为生活节奏要发生变化，先要让身体能够适应上学的节奏。

第二，在学习上帮助孩子。这种帮助主要是指陪伴孩子学习。这种陪伴有别于监督，不是让家长紧紧地盯着孩子学习，而是在孩子学习的时候，你也安静下来，让孩子能有一个安静的学习氛围。你可以在一旁做自己的事情，但是你和孩子会共同形成一个氛围，让孩子能够感受到那份安心和陪伴。建议家长不要在一边打电话、玩手机，那会让孩子产生被独自扔在一边的感受。

第三，关注孩子的情绪变化，善于倾听他们的情绪。这样的倾听主要是帮助他们缓解在学校的不适应。面对孩子的情绪，家长要成熟地去面对，不能忽视也不能压制。孩子在成长的过程中，对情绪的处理是需要家长帮助的。

家庭生活价值观

在戏剧课上，老师让大组（10～12岁）做一个肯定自己的活动，目的是让孩子们认识自己的内在，然后逐渐能在舞台上表达自己。具体的方法是让孩子们用熟悉的旋律，加上对自己肯定的歌词，改编一首歌。当老师说完活动要求时，孩子们都觉得很为难，因为不知道如何表达对自己的肯定。于是，我就让孩子们说出你对其他人的欣赏与肯定，可他们还是很难进入话题。我提议先由老师开始，对每一个孩子都表达自己的欣赏。在整个过程中，我发现孩子在听到别人的欣赏时，很难心安理得地接受，总是表现出很尴尬、不好意思，甚至难以承受。老师轮流欣赏了每一个孩子，开始让孩子们自己来表达对他人的欣赏时，我发现孩子只要说出对方的一个优点，接着就会想要说对方的不足之处，我们在旁边会一再提醒分享的规则。这个活动是自愿选择的，所以有的孩子并没有做，老师也没有强求。

课后，我给孩子们布置了家庭作业，和父母在一起相互欣赏并表达。

我想，这些孩子正处在青春期的前期，他们对自己的认识和理解能力应该是具备的。但是在分享中，我发现他们对自我肯定与欣赏以及对他人的欣赏和认可，都有一种模式化的心理——不好意思表达，而在评说他人的不足时，却总是脱口而出。

《孩子从生活中学到什么》[①]一书中认为："孩子生活在批评中，他们将学会指责。"我们做父母的是应该反省一下自己了，当孩子还在幼儿阶段时，我们并不能清晰地看到孩子内在心理模式的建构到底是怎么样的，而这些孩子还没有到青春期的时候，内在的心理模式就渐渐地显现出来了。这个时候，我们看到的孩子是家庭生活价值观的产物，家长营造怎样的生活，孩子就会成为什么样，这些孩子在家里学会了指责。这种价值观最初对儿童来讲仅是成长过程中的心理环境，而这种心理环境对儿童心理建构的影响是潜移默化的。直到有一天，他们对生活的看法呈现一种模式时，我们才会发现。

而这时，家长往往会抱怨孩子不是自己想象的那样，孩子的所作所为是他们不满意的，不明白孩子怎么会这样理解事物或看待生活……家长不知道的是，孩子是在家长的生活价值观、教育价值观的浸染下长大的。有观点说，孩子是家庭的一面镜子。最终，家长会发现，孩子就是按照镜子中的样子去生活的，这是一件多么可悲的事情呀！

---

① 该书由美国儿童教育专家多萝西·诺特和雷切尔·哈里合著。

孩子从生活中学到什么

如果孩子生活在批评中，他们将学会指责。

如果孩子生活在敌意中，他们将学会争斗。

如果孩子生活在恐惧中，他们将学会担忧。

如果孩子生活在遗憾中，他们将学会自怜。

如果孩子生活在嘲笑中，他们将学会畏惧。

如果孩子生活在猜忌中，他们将学会嫉妒。

如果孩子生活在羞辱中，他们将学会自责。

如果孩子生活在鼓励中，他们将学会自信。

如果孩子生活在宽容中，他们将学会耐心。

如果孩子生活在赞美中，他们将学会感激。

如果孩子生活在认同中，他们将学会去爱。

如果孩子生活在肯定中，他们将学会自爱。

如果孩子生活在认可中，他们将学会目标。

如果孩子生活在分享中，他们将学会慷慨。

如果孩子生活在诚实中，他们将学会正直。

如果孩子生活在公平中，他们将学会正义。

如果孩子生活在友爱和体贴中，他们将学会尊重。

如果孩子生活在安全中，他们将学会信赖自己和他人。

如果孩子生活在友善中，他们将知道世界是居住的乐土。

父母就是孩子的成长环境

儿童从一出生开始，接触的第一个环境就是家庭，孩子是浸润在父母生活的环境氛围中的。随着成长，孩子会模仿和学习父母的语言、行为、交往模式甚至心理模式。他们会将父母营造的环境都内化为自己的价值观和人生观，包括父母的一言一行都会被孩子内化为自己行为的一部分。大约到了青春期，孩子内化的部分就会显现出来。外面的人会说“你的孩子和你好像”，这往往让我们大吃一惊！

邻居家有个男孩，10年前，我总是听到父母对着孩子大吼大叫。每次训斥之后，孩子无助的哭声都会传来。10年后，我又听到邻居家处在变声期的男孩大吼着回应父母，这时父母的吼声已经比不过孩子了。男孩长大后，父母就总抱怨他太不听话，总是顶嘴。我作为一个局外人，

清楚地看到了孩子是怎么以父母为榜样来处理自己情绪的。

著名学者周国平在《自发的认识论》一文中写道，他和妻子在家里讨论苏格拉底的名言“我知道我一无所知”。他5岁的女儿问他们：“什么是一无所知？”孩子妈妈解释：“就是什么也不知道。”他女儿问：“那他怎么知道他一无所知了？”一个5岁的孩子对事物之间的关联性有了一定的认识，产生了初步的逻辑思维能力，这是一个正常的发展阶段。而孩子的家庭也有这样的讨论氛围，父母自然而然地充当了孩子的老师，这种氛围同时也是孩子成长的环境，父母擅长什么，孩子也会从中学习到很多。

蒙特梭利说，儿童天生有一种将环境中所有东西都吸收进去的能力，这个能力就是儿童的吸收性心智。儿童将他们所处的环境完全“吃”进自己的心理中，形成自己的“心理肌肉”。所以，儿童形成什么样的心理肌肉，取决于他生活在什么样的环境中。这个环境包括物质环境和人文环境，其中人文环境尤为重要。儿童的这种吸收性心理的特质，说明他们的成长是一种自我创造的过程。在这个自我成长的过程中，成人不是教他们学习什么，而是帮助他们心理的形成。创建一个有丰富材料的环境是一部分，成人的言行举止、思维模式、价值观，以及潜在的心理等是儿童环境的另一部分。从这个角度来看，父母似乎在不知不觉中就成为孩子的榜样。

放学回家，先玩还是先写作业？

孩子从幼儿园到小学，是一个非常重要的过渡时期。他们由个体状态进入到集体中，开始了初步的社会生活。身份也从小朋友变成小学生，学习生活由原来的发展感觉能力为主变成系统地学习知识、技能。这种变化对儿童而言，是翻天覆地的。在这个过渡中，孩子的生活、学习和行为习惯，同样也面临着巨大的变化。

让我们先看看孩子一天的学习生活经历。以广州的小学为例：早上7点50分到校，8点开始上课，一节课40分钟，一上午有5节课；中午休息2小时，大部分孩子不能回家午休，只能在教室里休息；下午2点15分上课，到4点50分放学，一共有3节课。也就是说，全天下来总共8节课，课间休息几乎不可能放松，因为课间时间很短，我还经常听到孩子抱怨老师拖堂。而我自己作为教师的体验是，上完一天的课我只想休息，什么都不愿意思考了，更何况学生的学习强度远远超过了老师。

回到家的孩子在经历了一整天的紧张之后，应该是（生理和心理上）最疲惫的时候，在这种时候是让孩子先写作业还是先休息呢？这是个挺重要的选择。尤其是那些刚上小学的孩子，大环境的变化让他们在心理上本就难以承受，再加上那些让他们难以一下理解的各学科知识，很容易导致他们对上学产生对抗情绪。这时，家长总会安排先写作业，而大多数孩子却觉得很痛苦，因而会边写边玩。如此一来，孩子既没有休息好，也没有很好地集中注意力学习。

我给大家的建议如下：

孩子回家后，先和孩子交流，比如拥抱孩子，让孩子获得爱。这样可以及时解决他在学校里由于面对各种不适应和学习压力而产生的情绪问题。也可以给孩子准备一点零食或水果，因为吃点好吃的，会让孩子感到愉悦和轻松。

● 让孩子玩一会儿，但不是看电子产品或玩电子游戏，而是让他感觉到身体和心理有放松、缓解的机会（这个时间可以控制在40分钟左右，要事先和孩子约定好）。

● 一年级的孩子写家庭作业时，最好家长能陪着孩子一起写。这个时期的孩子很难独立完成作业，不是因为作业本身太难，而是在心理上还没有足够的力量来做这些不太熟悉的事情，所以家长的帮助很有必要。对于家长的要求只有一个，那就是“耐心”，不要对孩子有期待，良好的学习习惯是逐渐形成的，不是家长强制形成的。

这个过渡时间大约是一学期，如果家长能帮着孩子顺利度过，孩子就会有良好的学习、生活习惯。这样的行为习惯，来自三个方面的因素：

- 有规律的家庭氛围；
- 有耐心的陪伴；
- 儿童自身适应性的提高。

孩子成为什么样的人，关键在父母

作为一个妈妈，我有时候会想，应该把孩子培养成什么样的人？相信有些妈妈也会和我一样有过相关的思考吧！然而，孩子的成长是按照我们的思考去发展的吗？

孙瑞雪老师在《完整的成长》一书中写道："我们是由这些部分（结构）组成——身体的、情绪的、感觉的、心理的、认知的、精神的。这是我们内在的环境，不是我们的核心，是我们的一个系统，我们的核心是我们的精神胚胎。"这就是说，人的成长是一个完整的系统，每一部分都是不可或缺的，都应该得到充分的发展，这样成长起来的人是完整的。而这样一个完整的人，是有自我的，是快乐的，是可以适应环境并且能够改变环境的，是积极主动去创造生活的。而这样一个完整的人的成长过程，不受我们支配，因为他的核心是他的内在——精神胚胎。每个人的精神胚胎都是独一无二的，这就注定了每个人都是全世界唯一的那个存在。那么，你的孩子虽然生在你的家庭，但他是一个独立、完整的生命，他需要一个有爱、有自由的环境完成自己的成长，即将精神胚胎实体化。这个实体化就是“自我”，因而生命是自我创造的！

等孩子长到20岁时，一个完全独立于你之外的生命呈现在你面前，你不禁会问自己：“这个孩子是他自己精神胚胎的实现，还是在我的塑造下的实现？”也就是说，他是一个真正的“他”还是父母塑造的“他”？那一瞬间，我会心头一紧，做父母责任实在太重大了！而在我们自己的成长经验中，我们是被教育出来的，所以我们也理所当然地沿用这样的方法对我们的孩子施加教育，并且对他们充满了各种期待！

夏山学校是目前全世界范围内最自由的学校，被誉为“最富人性化的快乐学校”。它的创办人是英国著名教育家A.S.尼尔。有一次，家长问尼尔：“为什么你如此强调要使孩子快乐？”他说：“快乐是一种内在的愉快与平衡，以及对人生知足的感觉，只有自由的人才会有这种感觉。自由儿童的脸是开朗无惧的，被严格教育的儿童看起来却充满胆怯、痛苦和害怕。快乐也可以说是一种人生受到最低限度压抑的境界。快乐的家庭是一个充满爱的家庭，不快乐的家庭则是一个紧张的家庭。我标榜快乐第一，是因为我标榜生命第一。宁可让孩子自由、满足而不知小数点的算法，也不要让他为了通过考试而脸上长满暗疮。”

尼尔的话，对家长应该是一种警示：想让孩子成为什么样的人，关键都在我们自己这里。因而，我们要时常反思：你的孩子是他自己吗？你的孩子快乐吗？你的孩子是自由的生命吗？如果我们心中也标榜快乐第一、生命第一的话，那么“教育”也许真的就不存在了！

请不要强迫孩子分享

分享，是我们表达自己的一种方式。它既满足了我们对群体归属的需要，也满足了我们对精神生活的需要，是人类社会属性的一部分。

对于儿童来讲，当他们到了人际交往的敏感期时，和朋友分享一种食物、分享一本书、分享一个故事、分享一个活动等，都会让他们感觉到与人交往产生的乐趣。这时，分享成为他们交往的一种手段，也是他们之间相互模仿和学习的好时机。

对于儿童来讲，任何分享的前提都是建立在自愿基础之上的。如果没有了自愿，儿童的分享就无法真实表现，而这样的分享也会让儿童对分享本身产生错误的经验。但对于那些还没有分享需求的儿童来讲，分享的意义就完全不同了。比如，儿童处在占有的敏感期时，分享对于他们来讲就是最痛苦的事情。

家长在日常生活中，应该经常和孩子一起分享故事、动画片、生活中的趣事和美味的食物等。在这样的分享中，孩子能感受到一种自然而然的交流，而这种交流是父母向孩子表达爱以及给孩子爱的能量的最好方法。

在儿童时期，分享不是成人强加的结果。孩子生活在一个有分享氛围的环境中，在一种自愿交往的环境中长大，就一定会将成人的这种与人分享的品质内化为自己的品质。

怎样借着育儿来育己

家长：您好，老师，很荣幸能成为您的微信好友。我家孩子是个4岁的小姑娘，在一所公立幼儿园上小班。前两天放学接孩子时，老师向我反映了三件事，想请您指导。

第一件事，孩子在幼儿园午睡时，老师怕孩子不睡，就安排小值日生监督大家，发现哪个小朋友动，就让动的小朋友站出来，去找下一个乱动的。刚好那天我家孩子睡觉动被发现了，就被要求出来值日，但不知道为什么她被叫了三次都不出来。后来老师来了，反复问她为什么不出来，孩子就是不说。老师很生气，就让孩子站在墙角，想好了再告诉她。通过这件事，老师批评孩子，说孩子太倔，跟老师对着干，这样将来会吃大亏。

第二件事，孩子在学校吃水果加餐时，是和两个小朋友一起吃的，其中吃番茄时，孩子们不小心把番茄汁滋出来，弄得老师身上和地上都是。老师问他们三个是谁弄的，其他小朋友都说不是自己，但我家孩子怎么问也不说话。其实老师也没有批评她，只是让孩子们拿抹布擦擦弄脏的地方而已。

第三件事，孩子中午睡午觉，尿湿裤子却不说，老师下午整理被子时才发现孩子尿裤子了。老师问孩子是不是尿裤子了，可怎么问，孩子都不说，结果她穿着湿裤子穿了好久才被发现。

老师总结孩子太倔，故意跟老师作对，问她问题还不回答，死扛，但我觉得孩子不是这样的。因为经常听您讲课，我发现孩子比较敏感，也很通透，所以我特别注意孩子的民主教育，刻意不说孩子，鼓励她。孩子几乎很少有挨说的经历，也不怎么叛逆，大部分时候还是比较配合的。有时候我被孩子气得头蒙，也尽量不说，用温和的方式耐心引导，批评也做得非常婉转。实在忍不住说了，我赶快给孩子道歉。可能平时我的隐忍让孩子觉得挨说是天大的事，所以孩子很敏感。有些父母简单粗暴，天天恶语相向，孩子反而活泼开朗，难道是我做错了吗？

王老师：看了幼儿园老师的处理，我认为是老师处理得不妥，孩子有压力才不说的，或者是不敢说，又或者是不知道该怎么说。你对孩子的判断是对的，她比较敏感，显然对人和环境是有理解的。我觉得这里面有一个需要调整的地方，那就是你忍着脾气的时候，孩子是完全知道的，从而让孩子有压力。其实越敏感的孩子，越容易感受到你刻意要隐藏起来的情绪。但这不是你的错。你一定要记得，我们有时候控制不了自己，我们的情绪成长得还不够成熟，但这不是错。

我们不要带着改正错误的心去成长，而是全然地活在当下。有情绪了，我们忘记了自己，我们被情绪控制了；情绪走了，我们又看到了自己。过程就是这样，但是其中没有对错，发生而已——就是一个发生。如果我们不让这一切发生在外面，那么它到哪里去了呢？它不会消失，它仍然在发生。我们认为在心里面发生的过程，孩子就看不到了。完全不是，孩子可以清晰地感觉到你心里面发生的一切。

家长：谢谢老师！有时候，我在家里也会批评孩子，孩子也有不说话的情况。我一般都是先等孩子缓解情绪后再问她，孩子就会有回应。但为什么我的孩子和别的孩子不一样，本来把番茄汁弄地上了、尿裤子或者当值日生，老师也没说她，我家孩子却不敢说？别人家的孩子遇到相同的事都是什么感受呢？

王老师：不肯表达的孩子都有一个急着想让孩子表达的妈妈。你先不要急着去想为什么，回到你当下的感受中，孩子总是不说，你的感受是什么？

家长：着急，想要解决孩子的问题，怕孩子受伤。

王老师：那就看看在你着急的时候做了什么？孩子的反应是什么？

家长：不断地和老师交流，不停地问孩子为什么不说，一切都被孩子看在眼里。

王老师：是的，在你的文字里都能够感觉你由于着急而衍生出来的焦虑，这一切就像你说的“被孩子看在眼里”。你想孩子的感受会怎么样？

家长：**本来孩子可能觉得事情没什么大不了，但家长一直反复地提，让孩子更加害怕。**

王老师：对的，孩子的经验就是这么来的。他们从成人处理事情的过程中所散发出来的气氛去感受成人的情绪，并依着这种情绪做出一个判断：我错了，我不应该，我不能，甚至是我不好……

家长：**生活中人难免有情绪，特别是工作、孩子、家庭琐事加在一起。从孩子出生后，特别是上幼儿园以后，我总担心自己哪里做不好，影响孩子的发展，每天殚精竭虑，学习育儿知识学得“走火入魔”，怕因为自己的无知限制了孩子。可情绪是没办法控制的，焦虑时怎么做才能不把不好的情绪传给孩子？孩子焦虑、敏感，甚至学习了我的思维方式，压抑情绪、恶性循环，可以怎么调节情绪呢？**

王老师：是的，这就是你在成长过程中必须经历的——痛苦。你看见了你的痛苦，而正是因为这样的看见，你的成长就开始了。这一切并没有你想象的那么糟糕。放下你执着的这些情绪，不被它牵着走，或者少被它牵着走，一点一点地觉察它。只要你一回到当下的这个觉察中，那种情绪会立刻消失。我们还做不到一直这样觉察，但是我们要让这一切开始。你所经历的痛苦，就是为了让这种当下的觉察到来。不要给自己设立目标，那样就不是觉察，而是头脑作怪，给自己空间和时间，这样你就做到了借由育儿来育己。

家长：**您是说觉察情绪，跟着情绪走，不对自己要求那么高，活在当下，一切并不会那么糟糕。**

王老师：是的，觉察情绪，但是不被情绪带着走，所以不是跟着情绪走。

家长：**好的，谢谢老师。想要孩子优秀，妈妈首先要调节好情绪。**

丰富孩子的内心世界，获得满满幸福感

成人沦陷在手机上，你要是问一个人每天拿着手机都在干什么，估计大部分人都会说："也不知道在干什么，刷着刷着时间就过去了。"

我们带学生游学的时候，学生如果没有手机，刚开始真的特别无聊。年龄大一点的孩子甚至在和自己的手机分别的时候，像自己的心肝宝贝被人夺走似的，依依不舍，我们分明能感觉到孩子似乎没有了主心骨。这种依赖随着时间的推移会慢慢好起来，他们开始聊天，玩一些纸牌游戏，偶尔看书。我看到大部分孩子不是太喜欢看书，没有阅读习惯。只有极少数孩子会画画、做手工。

我觉得在这里面，除去交往需要之外，我们（成人和孩子）不会自己和自己相处。也就是说，我们很难独处。独处，是特殊的发展机

会。蒙特梭利说："独处，是一个人的思想在走路。"而我们的孩子在成长的过程中，没有这样的机会，他们的生活全是被安排的。

我们一直说，人的成长是个内在发展的模式，成人只能提供环境。如果我们把孩子的成长模式改变了，那么他还是他吗？

孩子本来是会和自己相处的，最典型的就是我们经常在幼儿园里看到孩子特别喜欢独处，我们只是给孩子独处的自由机会。那个时候的孩子，自己一个人对着一只虫子可以观察半小时；在教室里，对着一样教具可以反复操作1小时。而当工作完之后，他们也会给自己独处的时间，来完成内在的逻辑发展，而这个内在逻辑的发展和整合，才是前面所说工作真正的意义和有价值的部分。

蒙特梭利将儿童内在心理的发展过程称为心理生命的成长。这个内在的成长过程本身就是丰富的，是一个人成长的内在机制。这个机制决定了一个人的成长必然是内在丰富的过程。所以，一个人必须有独处的自由和权利。当一个孩子有机会和自己相处的时候，他们的自我建构才可能进行。

但是，随着孩子的年龄增长，他们独处的机会越来越少。他们必须是一个整体，所有人都做一样的事情，最可怕的是必须做同样的思考。

慢慢地，他们不会和自己相处了，开始不知道自己想要什么，如果没有人安排，他们总是会无聊。他们必须被安排，如果闲下来，就开始做无意义的活动，甚至是胡闹。

这几年，我一直带孩子游学、上课，我知道孩子特别喜欢学习，对自己感兴趣的领域总是充满热情，他们内在的学习动力都很充足，缺的是一个引导，一个恰到好处的引导。就像我们的暑假班，孩子上完课程之后，回到家就会想着去看书（我们的暑假班每一期就围绕一本书），因为他们发现原来书中的故事那么有趣、那么值得思考。

图中的两个孩子就是例子。暑假班的阅读方式是多元的、立体的、具象的，回到家再通过看书去温习这个故事，就从具象阅读走向了抽象阅读，这是个很大的进步，而且给了孩子独立思考的时间和空间。

所以，孩子通过引导，回归到自我学习和思考，这对他们而言，就是自己对自己进行的教育。

一旦孩子对自己的内在有认识，他们就会对自己有所把握，就知道自己想要什么，知道自己可以做什么、不可以做什么，他们不会无聊，不会只沉迷在游戏上，不会浪费时间去胡闹。这就是我在课堂上经常看到的景象：孩子在思考！他们在自我成就，他们是自己的主人。这样的孩子不会被游戏的刺激带走，不会让无聊占据内心，不会被他人的评价带走。

蒙特梭利的教育方法中提出，给儿童的信息刺激应该是简单有序的、循序渐进的，纷乱的信息会使儿童的注意力涣散，无法产生专注。这也就是说，我们给儿童的引导是有要求的，不是给一堆选择，而让孩子迷失了。

那么，丰富是什么呢？丰富指的是，儿童内心世界被自己建构得丰富而精致。这种丰富不是原来就有的，而是发展出来的。儿童在发展的过程中，靠着自己的吸收能力发展出来这种丰富。

每一个人丰富的地方不同，就好像有人在吃这件事情上特别丰富，而有人在音乐这件事情上特别丰富一样，这些事情没有什么高低的差别。生活中处处有丰富、精致的环节，所以我们的课程中经常给孩子们准备茶歇。从摆盘到餐垫的使用，每一个环节都很仔细，孩子们每次从课室里出来走向餐桌时，我总是能从他们的脸上看到幸福和满足，我相信那绝对不只是食物本身带给孩子们的。有个家长跟我分享她晚上有时会带着女儿们一起读诗，我想那个场景也应该是充满美感的。生活的丰富在于每个瞬间的发生，积累得久了，我们的生命自然会发生变化，所以丰富不是我们的头脑去做一个决定，而是真真实实地去过那样的生活。

我认为孩子的生活应该是丰富的。生活，不是只有学习。我们带孩子出去游学，也总是想着给孩子一点自由的时间，有时候也会让孩子多睡一会儿，总是想着要有各种生活节奏，有静有动，这样学习生活才丰富有趣，孩子们也会在这样的生活中感觉到快乐。在设计亲子旅行手册的时候，我就在想，和父母出行是个多么珍贵的机会，可如果注意力放在旅行上而不是交流上，那多可惜。所以，我们会将重点放在亲子互动上，使家人们彼此间更加了解，并且通过了解明白感激家人的道理。生活即教育，生活丰富了，教育自然也就丰富；内心世界丰富了，生活也就丰富了。

所以，道理就是：父母内心世界丰富就会营造丰富的生活；生活丰富了，孩子的教育自然就丰富了。生活丰富了，乐趣就多了；乐趣多了，人的幸福感自然就高了。

直面性教育，满足孩子的好奇心

对进入青春期的孩子进行性教育是非常有必要的，这包括心理教育和生理教育两个部分。

孩子到了十二三岁的年龄会有一系列青春期的特征表现出来，有对异性的好奇、因激素变化导致的强烈的自我展现的欲望、自己与众不同的心理需要以及对自己身体的好奇。这个时候如果我们不能够及时给孩子进行心理教育的话，一些低级趣味的东西很快就会影响他们。所以，我认为家长不应该打压孩子的好奇心，而是满足孩子的好奇心。

如何满足青春期孩子的好奇心？

我们的教育戏剧课是按照学生学习程度安排升班的。有一年，我跟源源协商让她升到高阶段班里，她毫不犹豫地拒绝我："我不升班，那个班都是男生，我最讨厌男生了。"我问她为什么讨厌男生，她说："男生太调皮了。"我问："怎么样算是调皮？"她说："他们不听老师的话，还不好好学习。"我没有再仔细追问下去，显然她还没有把男孩当成异性来看。在源源10岁时，她课间遇到比自己大1岁的恩启时，立刻停止了和另一个女孩的嬉闹，害羞地把帽檐拉低。这个微妙的变化，意味着她的青春期要到来了。这是最早的青春期懵懂的表现。

想一想，当我们看到一个情窦初开的女孩时，那种对异性的好奇和情不自已的羞涩，充满着一种美感。所以，这个时候就需要家长用正确的、具有审美态度的方式对孩子进行性心理和性生理教育。我们应该让孩子明白：发育这件事情是美好的，你的身体发育成熟了，是让你作为一个人更加幸福的准备，是享受幸福生活的一部分，身体和心理同时会得到生命带给所有人的快乐和美好；爱慕异性，是因为人天生是有情感的，人和人相处需要爱的滋养和爱的支持，而在身体发育之前，这种对生命的感受是不够充分的，因此从青春期开始，你自然而然会对自己喜欢的人有兴趣，对自己的身体有好奇。一旦孩子明白了这是生命发展的历程，他们就会去正视自己的发展，而不是盲目地担心、忧虑和反抗。

9岁的毛毛在我办公室看一本介绍青春期孩子发育的书，当她看到书中的图片时，笑着说："好恶心！"旁边比她大1岁的佳玲马上凑上去看那张图片，然后非常认真地说："这是阴毛。"说完之后略带一点自豪，感觉自己比毛毛知道的多。毛毛没有说话，但是对那本书的好奇心愈发强烈了。她一个人认真地看着，仔细地翻看着每一个被卡片遮盖起来的“秘密”部位。当我和其他孩子离开办公室时，毛毛还在认真地阅读着。我想这是一次很好的早期性教育机会，就没有打扰她，让那本书去满足她内心对生理发育的好奇心。

孩子的好奇心是学习最好的时机。9岁的毛毛和10岁的佳玲正好处在这个年龄段，她们对自己身体的认识是自然的，也是科学的，没有什么来自成年社会的偏见和约束。我们的教育就应该让孩子知道身体是我们应该珍惜的，我们的身体是幸福生命的一部分，每个人都应该张扬自己和彰显自己，爱自己的身体。与此同时，我们要珍惜自己的生命，珍惜自己的身体，把对身体的认识提到生命的高度上来，而不是把它局限在某些观念中。孩子慢慢会知道生命值得被尊重，自己身体是这么的珍贵，那么胖瘦高矮、漂亮不漂亮都没有关系了，他们就会对自己的身体有一份自信。因为这份自信，他们会爱自己的一切。

怎样应对孩子的性冲动？

青春期的几年里，男孩、女孩都会有一些性冲动。这些性冲动以不同的形式表现出来，有生理上的，有心理上的。但这些冲动表现出来的时候，并不是一件可怕的事情，也不是害羞的事情，它是人生命的一部分。

很多人问我，孩子在这个阶段都偷偷地看各种网络小说等。我想家长与其让他们在网络上偷着看，不如认认真真跟孩子讨论，不要把性这种人类的自然属性弄得太复杂、太别扭。和孩子用科学的态度去看这些问题，用爱的态度去和孩子探讨对身体的认识，不要觉得这是件神秘的事情，遮遮掩掩，更不要把性和道德扯上关系，要让孩子知道性是人身体的本能，也是生命的一个特征。

为什么有些孩子在青春期会有攻击性行为？

在和学生相处的过程中，我观察到他们在这个年龄段会攻击别人的身体。这种对他人攻击（心理暴力、语言攻击）的冲动实际上也是他们内心冲突的一个外在表现。他们的攻击来自内在的担心。比如，他们会攻击长得胖的同学、那些他们认为不够美的同学、那些不合群的同学，原因是他们很害怕自己成为那个不被大众接受的形象。

我们带着孩子去苏州游学，有四五个十二三岁的女孩。其中12岁的妮妮有点胖，我们发现其他几个女孩每次在吃饭的时候，总是拿妮妮的体重开玩笑，偶尔还叫妮妮“半吨”。我观察到妮妮在听到别人叫她“半吨”时，总是笑着反驳：“你才是半吨呢！”我找了一个单独的机会和妮妮谈了这件事情。我问她：“当其他同学这样攻击你的身材时，你心里难受吗？”她平静地说：“我不难受啊，我不觉得这有什么，我是有点胖，但是这没有什么。”我说：“你不需要老师帮助你解决这个问题吗？”她笑着说：“没什么，老师，不需要你帮我，我们玩得很好！”我听她说完这些，心里放下了一块石头。妮妮的自信和对自己身体的正确认识，让我看到了她内心的力量。第二天，我找了其他几个女孩，我问她们：“你们为什么要拿妮妮的身体开玩笑呢？”有个女孩说：“她就是胖啊！”我说：“如果你用这个来开玩笑的话，是不尊重妮妮的，你觉得呢？”那个女孩很快说：“好吧，我们不说了。”

我想，有时候攻击甚至没有任何原因，也不是和谁有具体的矛盾或者冲突，这就是因为他们对身体的一种不正确的认识，以及内心产生的那种懵懵懂懂的对身体的冲动，使得他们用语言暴力的形式表现出来。有时候他们会说谁和谁相爱了，使用的语言很粗糙，把那种朦胧的情感说得一点美感都没有。所以，正确的青春期教育非常重要，我们要让孩子知道什么是美，要提升他们的心理审美和精神审美能力。只有这样，他们才是一个真正的人，一个能辨识真善美的人。

孩子有一部分不是自然天成的，是靠他在环境中吸收的，家长能做的就是给孩子营造一个真善美的成长环境。如果我们不跟孩子谈性教育，不给孩子提供学习和认识途径，孩子自然会从其他地方吸收，没有美的，那就会吸收丑恶的。

有时候我发现有的孩子为了表达自己到了青春期很厉害的样子，就会用一些粗俗的语言来表现。我相信他们可能只是有这么一个阶段，过了这个阶段，自然而然知道那些粗话是没有什么真正的力量的。但家长有没有想过，在这个阶段孩子也可以有另外一个表达方法。如果可以，他们生命的层次会在这个阶段得到提升。

为什么孩子会张嘴就来粗话呢？我发现他们仅仅是没有更加合适的语言，而粗俗的语言更容易吸引人的注意。很多家长说家庭里并没有这样的语言环境，为什么孩子会讲粗话呢？我认为这和大的语言环境有关系。比如，我们写作班的孩子在一次采访中说："我们都是狗仔队的，就喜欢八卦。"我没有评价他们的语言，只是问他们，狗仔队和八卦的书面语怎么说。他们很快就明白了，接下来我只是要求他们讲书面语。如果我们给孩子提供正确的部分，那么他们就会吸收这个部分。

在青春期到来之前，很多东西靠儿童内在的精神胚胎就能建构，但是在孩子第二次社会性敏感期（10岁左右）的时候，他们才开始建构价值观。这种价值观的建构对未来的影响比我们想象的要大很多，而这种价值观的建构是完全依靠环境的。

成人要给孩子营造友善、尊重的环境

在西安游学时，为了让学生感受生活，我们带着他们坐过一次公交车。因为不是上下班高峰时间，所以车上人不多。小帅在和我聊天，他的背包碰到了一个60岁左右的大爷，但是小帅没有感觉到。那位大爷马上推了他一下，没好气地唠叨着。孩子马上就给大爷道歉了，我也在一旁解释："孩子没有看见，真对不起！"可是那位大爷对我们的做法没有一点感觉，还在不停地说，感觉是我们故意的。好在几个孩子一直在聊天，根本没有在意这件事情。

一次在上海机场，我们的一个孩子不小心碰到了坐在隔壁的一个中年女人，孩子赶紧说了句："对不起！"对方竟然张口就说："你不长眼睛啊！"孩子瞠目结舌，不知如何是好。看到这情景，我认真地看着中年女人的眼睛，一字一句地说："孩子不是故意的！"她看到我的态度，没有

再说什么，起身走开了，但孩子再也不愿意坐在那个位置上了。我让孩子坐在我的腿上，安慰着她。我不能理解一个成人竟然这样粗暴地对待孩子。

这两个事件真的让我感觉到，有些成人对孩子不友好，似乎觉得孩子的行为就是招人讨厌的，就是无礼的。假如是一个成人发生这种事情，情况就会大相径庭。因此，我觉得在成人的观念里，有个假想的现实，即孩子天生是有问题的。比如，我们的一个育儿观“棍棒底下出孝子”，说明孩子一出生就被贴上一个标签，他们不会自己学好，他们是需要打才能学好的，才能往好的方向发展。

如果孩子生活在这样的环境中，心理上会发生什么，长大以后会成为什么样，我们应该大致就可以预想到了。

孩子本身是需要被照顾、被保护、被引导的群体，所有的成人都应该在行为上做到照顾和尊重孩子，在心理上去爱孩子，让孩子生活在文明、平等的环境中。只有这样成长起来的孩子，长大后才会建立并去维护文明、平等的环境。从这种角度来讲，我们真的就能明白“儿童是文明之父”的道理了。如果继续用这个观点来看成人为什么对儿童不友好，道理就变得很简单了。

成人在自己还是孩子的时候，不被友善地对待，因而他们没有学会友善地对待孩子，甚至不会友善地对待其他人，只会伪善地去讨好权威，不知道人和人之间真正的关系是什么样的。所以，我们今天的生存环境是由我们的成长导致的。这特别像一个恶性循环，一直这样下去，我们的生存环境就一直不会得到改善。

因此，如果想要改变这个模式，就需要成人先意识到这个问题，改变自己的方式，给孩子营造一个有爱、有尊重的环境。

成人的回应与完整的成长

在生活中，你有没有发现一些小的细节：有人在你进门时为你开了门，可是你忘记了说一声“谢谢”；有人在拥挤的地方给你让路，你忘记了说一声“谢谢”；有人默默地为你服务，你忘记了说一声“谢谢”；有人向你问好的时候，你没有去回应对方……这些看似特别细小的事情，堆积的时间一长，就像一句没有说完的话，总觉得缺点什么。实际上，这些小的环节会在我们的心里形成一个又一个未完成的句号，天长日久，生命就会因为这些未完成的句号而变得到处都是残缺的口子。你说的每一句“谢谢”不是因为对方的需要，而是为了让自己的心理完整。

有一年带学生去美国游学，每天早上叫他们起床时，我都会问候孩

子一句：“早上好！”有的孩子心不在焉地回应一句，有的孩子不回应我。如果我不问候他们，他们一定不会和我打招呼，对其他的老师也是这样。每次遇到这种情况，我都觉得孩子缺乏礼貌。当然我知道，礼貌只是行为层面的表现。如果你在打招呼的时候没有人回应你，这会让你感觉到人和人之间的连接断开了，心里有了一种缺失感。所以，在之后的行程中，我不断地提醒孩子：当有人向你问候的时候要回应对方；当有人给你帮助和服务的时候要回应对方；当你见到一个认识的人和你迎面相遇的时候要打招呼；当你和一个人同处于相对小的空间中（比如电梯里）要打招呼；当你进门的时候要为你身后的人扶门。

这些简单的礼貌行为后面，其实是一种内心感受的体现：你是否能感受到他人的感受？你是否能觉知到自己的感受？如果一个人能够觉知到这些，他们就会用这样的礼貌行为去回应他人，那么人和人之间就不再是冷冰冰的、割裂的关系，而会形成一种融洽、友好、温暖的氛围。如果我们生活在这样的氛围中，我们自己也会变得温暖、细腻、愉悦，这种感受在我们心里不断积累，就会让我们的生命变得细腻。生命越是细腻，感受就越丰富；感受越是丰富，就越能理解他人和关注我们所处的环境。这样的生命是完整的，自己是完整的，和他人、环境之间的关系也是完整的。

生命成长意味着更加完整，而这种完整是在成长中的每一个细节中获得的。我们知道回应他人的行为、回应他人的心理感受、回应他人的表达，这种回应从表象看是和他人产生连接，对自己的内在而言，其实是在和自己产生连接，这才是回应对方的真正意义。换句话说，我们不是在回应对方，而是通过回应对方来让自己的内心成长趋向完整。

孩子在成长的过程中，家长的每一次回应，都会让孩子内在产生一个完整的感觉。

一个孩子对我说："老师，我上课睡着了。"我知道他为自己上课睡觉的事情感到有点不安，他没有忽略这个感受，这是个好的迹象。此时，他用这种貌似开玩笑的方式在和我沟通。我笑着说："我知道你睡着了。"他看到我的态度不是指责的，于是大声说："老师，我没有和你开玩笑，我是真睡着了。"我仍然平静地说："我知道你睡着了，累了睡几分钟，醒来就有精神了，对吧？"他愣了一下没有再说什么。我知道他的感受开始发生了变化，他获得了我的理解，刚开始的不安缓解了。

这是一个让自己的内心趋向细腻、完整的过程，这个过程需要孩子自己来完成。他开始放下内心的不安，开始注意到自己的感受，开始为自己不安的感受去做主动的调节，而我只是给了他一个这样的机会。

放学的时候，他站在楼梯边上说："老师，我知道你爱我。"我高兴地回复他："谢谢你能理解并表达出来！"在这个过程中，如果说我的回应让他有了自我调节的机会，那么他的回应就真正让我知道：成人的每一次回应带给孩子的成长比回应本身要有价值得多。

我想，通过这一次经历，孩子可以获得一个经验："当我让自己产生不舒适的感受时，不要忽略它，不是让它放在自己的心里，让自己因此产生不完整的感觉，而是去面对它、解决它。一旦我面对并解决了这个问题，那么生命的成长就向完整迈开了一步。"对每一个成人而言，如果你能够去觉察自己当下发生的每一个情绪或者感受，不去忽略它，如实地观照它，那么你的生命也将会一步步地走向精微和完整。